ICH ARBEITE NICHT MEHR – JETZT BIN ICH TÄTIG

WILLKOMMEN IM UNRUHESTAND

Haftungsausschluss
Dieses Buch wurde unter größtmöglicher Sorgfalt hergestellt. Der Autor übernimmt keine Haftung für Inhalte von zitierten Texten sowie für Druckfehler, sondern nur darauf, deren Quellen ordnungsgemäß wiedergegeben zu haben. Auch haftet er nicht für deren Aktualität, Vollständigkeit und Richtigkeit. Auch bedeuten die Zitate keineswegs, dass der Autor möglicherweise irreführenden Quellen und/oder weiterführenden Informationen zustimmt. Haftungsansprüche gegen den Verlag und den Autor für Schäden materieller oder ideeller Art, die durch die Nutzung oder Nichtnutzung der Informationen bzw. durch die Nutzung fehlerhafter und/oder unvollständiger Informationen verursacht wurden, sind grundsätzlich ausgeschlossen, sofern seitens des Autors kein vorsätzliches Verschulden vorliegt.

Impressum
1. Auflage, Februar 2022

ISBN: 978-3-7041-0803-6 (Print)
978-3-7041-2156-1 (E-Book)

dbv-Verlag – Fachverlag für Steuer- und Wirtschaftsrecht
8010 Graz, Geidorfgürtel 24, Tel (0316) 38 30 33; Fax (0316) 38 30 43
Internet: http://www.dbv.at, E-Mail: office@dbv.at

Copyright ©2022 by dbv-Verlag Graz
Hergestellt in Österreich

Alle Rechte, insbesondere das Recht der Vervielfältigung und Verbreitung sind vorbehalten. Kein Teil des Werkes darf in irgendeiner Form ohne schriftliche Genehmigung des Verlages reproduziert oder unter Verwendung elektronischer Systeme gespeichert, verarbeitet, vervielfältigt oder verbreitet werden. Aus Gründen der einfacheren Lesbarkeit wird auf die geschlechtsspezifische Differenzierung, wie zB Künstler/in, verzichtet. Entsprechende Begriffe gelten im Sinne der Gleichbehandlung grundsätzlich für beide Geschlechter.

Alle Angaben in diesem Buch erfolgen ohne Gewähr, eine Haftung des Autors und des Verlages ist ausgeschlossen.

Lektorat: Martin Moll
Grafik: Obahi Design
Druck und Herstellung
dbv-Druck-, Beratungs- und Verlagsgesellschaft mbH, Graz

Inhalt

Gebt der Erfahrung eine Chance 7
Die fünf wichtigsten Ws 8
Senioren – Bezeichnungen 10
Kapitel 1 - Unsere Alten, Silver Ager und Senioren 13
   1.1 Das Alter im Lauf der Geschichte 15
   1.2 Die Rolle der Alten 24
   1.3 Die Pension oder die Rente 29
   1.4 Les rites de passage / Übergangsriten 33
Kapitel 2 - Kein Plan?! 43
   2.1 Use it or lose it 44
   2.2 Länger leben durch längeres Arbeiten? 46
   2.3 Scheidung – oder: Wenn du durch die Hölle gehst, geh weiter 53
   2.4 Gesundheit und Krankheit 58
Kapitel 3 - Ich habe einen Plan! 81
   3.1 Womit will ich meine Zeit verbringen? 83
   3.2 In welchem Feld will ich mich betätigen? 97
   3.3 Ich muss nicht mehr arbeiten – aber ich darf 97
   3.4 Das Ehrenamt 119
Kapitel 4 - Firmen und Organisationen 135
   4.1 Business Transformation 138
   4.2 Fachkräftemangel, Verlust von Wissen und Erfahrung 140
   4.3 Offboarding 150
   4.4 Outplacement 153

Kapitel 5 - Länger arbeiten? 155
    5.1 Vorteile für Betriebe/Organisationen 155
    5.2 Nachteile für Betriebe/Organisationen 162
    5.3 Beschäftigungsmodelle für Senioren 166
    5.4 Wertschätzung 174
    5.5 Betriebsnachfolge oder Nachfolger im Management ... 176
Kapitel 6 - Gemeinschaft 183
    6.1 Pension bzw. Rente 183
    6.2 Altersarmut 194
    6.3 Stereotype und Hürden 195
    6.4 Altersdiskriminierung 202
    6.5 Vor- und Nachteile der Seniorenarbeit für
         die Gemeinschaft 205
Kapitel 7 - Lösungsansätze 211
Nachwort(e) 215
Danksagung 219
Endnoten 221

Gebt der Erfahrung eine Chance

Gratulation dem Autor dazu, dass er sich dieses großen Themas des „Arbeitens im fortgeschrittenen Lebensalter" annimmt.

In vielen Ländern Europas treten jetzt geburtenstarke Jahrgänge den Weg in die Pension an. Ins Erwerbsleben hingegen kommen nun geburtenschwache Jahrgänge.

Was wäre konkret zu tun, um aus dieser Schere herauszukommen?

Einer der Ansätze wäre es, ältere Menschen mit viel Erfahrung dann, wenn sie das selbst wollen und der Betrieb sie braucht, freiwillig länger zu beschäftigen, statt über eine gesetzliche Erhöhung des Pensionsalters zu diskutieren.

Diese und weitere Ideen samt geschichtlicher Darstellung, was Altern und gesellschaftliche Position der Älteren einst und jetzt bedeuten, finden Sie auf den folgenden Seiten.

Ich wünsche Ihnen inspirierende Ideen aus diesem Buch!

Dr. Christoph Leitl
Präsident von EUROCHAMBRES
(Europäische Wirtschaftskammer)

Die fünf wichtigsten Ws

Wer?
Richard Kaan, Autor, Speaker/Vortragsredner, Unternehmer, Gerichtsgutachter und – „von Amts wegen alt".

Warum **dieses Buch?**
Weil die Zeit reif ist, sich diesem Thema intensiver zu widmen, und ebenso, weil es ein vergleichbares Buch am Markt nicht gibt.

Wen **will der Autor damit erreichen?**
Alle Personen, die sich selbst auf ihre Pension vorbereiten – oder sich informieren wollen, wie das zukünftige Leben ihrer Eltern aussehen könnte, wenn diese in den Ruhestand gehen.
- Auch, wie es ihnen allen ergehen kann, wenn sie es nur „passieren lassen".
- Firmen, denen anschaulich dargestellt wird, welche Vorteile sie daraus ziehen können, wenn sie Senioren-Mitarbeiter beschäftigen.
- Bzw. wie es ihnen ergehen kann und was sie alles verlieren, sofern sie ihre Mitarbeiter „einfach so" ziehen lassen – im schlimmsten Fall in Unfrieden.

Woher **stammen die Informationen?**
Teilweise aus der Lebenserfahrung des Autors, teilweise aus der Literatur, teilweise aus wertvollen Beiträgen seines Freundes- und Bekanntenkreises.

Was **will er damit bewirken?**
Einerseits Sachverhalte über „das Alter und das Altern" im privaten und beruflichen Umfeld darzustellen sowie die

Menschen zu animieren, sich rechtzeitig mit den unvermeidlichen Veränderungen auseinanderzusetzen.

Firmen, zugleich deren Entscheidungsträgern, vor Augen zu führen, wie wichtig es ist, ihren – in Zukunft – scheidenden Mitarbeitern frühzeitig ein entsprechendes Angebot zu machen, um beispielsweise als Botschafter, Mentor, Projekt-Mitarbeiter oder Lehrender verbunden zu bleiben.

„Die Obrigkeit" aufzurütteln, dass es hoch an der Zeit ist, die Rahmenbedingungen für ein Arbeiten im Ruhestand nicht weiter – direkt oder indirekt – zu erschweren, sondern zu fördern.

Am meisten aber, um aufzuzeigen, dass Altern etwas ist, das wir zwar nicht verhindern, dessen Art und Weise wir aber immerhin beeinflussen können. Je aktiver wir uns damit auseinandersetzen, je besser wir unsere Fähigkeiten nützen, je fröhlicher wir mit der Zeit, die uns bleibt, umgehen, desto toller für uns – sowie unsere Umgebung.

Zusatzbemerkungen

Ich habe rein zur besseren Lesbarkeit die geläufige, meist männliche Form der Substantive gewählt – verehrte Damen, bitte nehmen Sie mir das nicht übel.

Rente und Pension wurden von mir stets gleichgesetzt, wohl wissend, dass es da sowohl in Deutschland als auch in Österreich gewisse Unterschiede gibt. Ob als Beamter oder Angestellter/Arbeitnehmer – die Begriffe werden hier wie da meist gegengleich verwendet. Im Großen und Ganzen ist es ähnlich wie beim Rest der Sprachunterschiede, z.B. Kartoffel statt Erdapfel, Treppe statt Stiege oder Abitur statt Matura usw.

Die Literatur stammt hauptsächlich aus Deutschland, den USA sowie Österreich, weniger aus der Schweiz, da ich bei meiner Recherche herausgefunden habe, dass dort doch einiges anders läuft.

Senioren – Bezeichnungen

Es gibt erstaunlicherweise viel mehr negative Bezeichnungen für Ältere, ich habe sie weggelassen – hier jedoch eine lose Aufzählung von positiven bis gerade noch originellen Benennungen:

Positive Bezeichnungen

Alter Freund	Silberlocken
Älteres Semester	Silberperlen
Best Ager	Silberrücken
Coole Alte	Silver Ager
50plus	Silver Surfer
Generation Gold	Third Ager
Golden Ager	Urgesteine
Golden Girls	Woopies (Well-Off Older Persons)
Grampies (Grandfathers)	Yollies (Young Old Leisure People)
Junge Alte	
Jungsenior	
Modern Elder	

Neutrale Bezeichnungen

Alte Frau	Senior Citizen
Alte Dame	Seniorin
Alter Herr	Pensionär
Alter Mann	Pensionärin
Betagte	Pensionist
Senior	Ü50/60/70

Gerade noch originelle Bezeichnungen

Gruftis	Rock-pa
Komposti	Ruheständler
Kukidents	Spätlese
Mütterchen	Woofs (Well-Off Older Folks)
Oldies	

Begriffe für Ältere in Ausbildung

Meisterling

Mentazubi

Mentorling

Menzubi

Kapitel 1 - Unsere Alten, Silver Ager und Senioren

Mit 30 ein Senior?

Doch und ob! Im Sport nämlich, ab diesem Alter müssen die Athleten dann nicht mehr gegen 17-Jährige antreten. Danach wird sogar in „Jungsenioren" sowie „Altsenioren" unterteilt, was für uns Ältere fast ein wenig absurd klingt; manche Senioren-Altersklassen hingegen beginnen überhaupt erst ab 80. Wobei einzelne dieser „Methusalems" deutlich jünger wirken als so mancher 30-Jährige.

Wieso bezeichnen wir unsere Altvorderen überhaupt als Senioren?

Die Bezeichnung Senior stammt aus dem Lateinischen und wurde bei uns im 14. Jahrhundert übernommen. Sie meinte ursprünglich den „Älteren" oder „Ältesten" einer Familie oder einer Glaubensgemeinschaft.[1] Im Unterschied zum Junior, der damals ungefähr bis zum Alter von 45 Jahren so bezeichnet wurde. Verbunden waren damit der nötige Respekt, dazu die allgemeine Annahme von größerer Weisheit der Alten. Im Lauf der Zeit bekam dieser Begriff weitere Bedeutungen: beispielsweise für das Familienoberhaupt, unabhängig vom Alter; im Geschäftsleben als Titel für ältere Teilhaber oder Geschäftspartner. Später erweiterte sich der Wortgebrauch erneut und avancierte im Sport, in der Schule, im Berufsleben sowie im Gesundheitsbereich zu einem allgemein gebräuchlichen Ausdruck.

Die Altersgrenze kann jedoch noch weiter hinunterrutschen, denn Zwölftklässler gehen in den USA in eine Senior High School und Seniors am College sind im vierten und damit letzten Jahr. In studentischen Verbindungen ist man Senior, sobald man den

Vorsitz übernimmt, gänzlich unabhängig vom Alter. Sogar im Berufsleben haben sich die Bezeichnungen Junior Consultant und Senior Consultant eingebürgert; hier bedeutet Ersteres nicht unbedingt, dass man jünger ist, sondern hauptsächlich unerfahrener. Beide Bezeichnungen werden heute für Stellenbeschreibungen verwendet, wobei bei Zweiterem eine höhere Qualifikation bei gleichzeitiger hoher Verantwortung vorausgesetzt wird, was vornehmlich mit mehr Gehalt verbunden ist.

Im Gesundheitsbereich werden Menschen meist ab einem Alter von rund 70 Jahren als Senioren bezeichnet, doch selbst das variiert. Man geht davon aus, dass danach bestimmte Fähigkeiten ab- und bestimmte Beschwerden zunehmen. Im Marketing beginnt die Einstufung, um nicht zu sagen „Punzierung", deutlich früher, da sind 50 Jahre der übliche Ansatz. Entsprechende Studien berücksichtigen keine Jüngeren. Oft heißt es immer noch: „Die werberelevante, demnach kaufkräftige Zielgruppe ist von 14 bis 49"[2] – aber vermutlich glauben das nur noch Marketing-Urgroßeltern, bei denen nicht angekommen ist, dass die Älteren viel mehr Geld zur Verfügung haben. Und es gerne ausgeben.[3]

Eine sogenannte semantische Verschiebung[4] erfuhr der Begriff in den 1970er Jahren, ab dieser Zeit wurde die Bezeichnung Senior automatisch für allerlei Angebote des Konsums verwendet. Eine gewisse Aufwertung sollte vermutlich damit einhergehen, ein Entstauben bestimmter Begriffe. Möglicherweise sollte es einfach jugendlicher klingen: Seniorenheime statt Altersheime oder Seniorentreffen statt Kaffee-Kränzchen. Zugleich hielten Senioren-Reisen, -Teller, -Handys, -WGs und Senioren-Ratgeber Einzug in unser Leben. Das ging allerdings so weit, dass betagte Leute es oft strikt ablehnen, damit derartig geringgeschätzt zu werden. Solchen Lockrufen widerstehen sie mit Vehemenz.

Ob Junior oder Senior, wir alle können mit Recht sagen: In welch fabelhafter Zeit leben wir gegenwärtig! Unsere Grundbedürfnisse sind befriedigt, wir wissen in der Regel, wo wir heute trocken schlafen und was wir morgen essen. Unser Umfeld ist relativ sicher, relativ sauber, relativ ungefährlich. Freilich – jeder Einwand wäre berechtigt, zugleich: relativ. So ganz anders erging es unseren Vorfahren. In einer immens gefährlichen Welt, mit dauernder Bedrohung durch Hunger, Krankheiten, kriegerische Auseinandersetzungen und Leid. Eine Welt, die wir uns kaum vorstellen können, doch auch in dieser Zeit gab es natürlich neben den Jüngeren die Älteren. Wie es ihnen wohl ergangen ist?

1.1 Das Alter im Lauf der Geschichte

Wenn wir über Alter sprechen, versteht jeder von uns etwas anderes darunter. Was ist alt? Wann ist man alt? Was ist mit den Alten im Altertum? Wurden die Menschen damals bereits alt? Oder starb man damals so richtig jung?

Bei Adam und Eva will ich nicht starten, da sind die Quellen ziemlich einseitig, vor allem, was den Kommunikations-Grundsatz „Check, double-check and re-check" betrifft, stoße ich schnell an Grenzen. Daher beginne ich meine Nachforschungen in der Steinzeit. Wobei es für mein Anliegen kaum eine Rolle spielt, dass zwischen Alt- und Jungsteinzeit ungefähr 2,5 Millionen Jahre liegen. Nicht, dass das mit den Quellen so viel einfacher wäre, doch hier kommt mir schon die Archäologie zu Hilfe.

Die Lebenserwartung in der Steinzeit

Bei Spiegel Wissenschaft heißt es:[5] „Die frühen modernen Menschen [vor rund 300.000 Jahren[6]], die sich aus Afrika kommend rasch über die Kontinente ausbreiteten, wurden nicht besonders alt", erklärt Erik Trinkaus, Anthropologe von der Washington University in St. Louis. „Nur wenige wurden älter als 40 Jahre." Vermutlich sei die Lebenserwartung wegen der schweren Bedingungen im späten Pleistozän[7] [zwischen 2,5 Mio. und rund 11.000 Jahren v. Chr.] grundsätzlich gering gewesen, nimmt der US-Forscher an. Trinkhaus muss aber einräumen „(...) dass die verfügbaren Informationen nicht ausreichen, um die Altersverteilung bei diesen Menschengruppen präzise und umfassend zu charakterisieren".[8]

„Die Menschen in der Jungsteinzeit [Neolithikum] (3500–1700 v. Chr.) lebten in Großfamilien zusammen. Es war eine durchwegs junge Gesellschaft, mindestens die Hälfte waren Kinder", sagt der Prähistoriker Rüdiger Kelm, außerdem: „Steinzeitmenschen waren laut neuesten Erkenntnissen sauber und ordentlich. Sie schmückten ihre Wohnungen sogar mit Blumen: Das beweisen frische Blüten, die sie in den Lehmputz ihrer Hauswände gedrückt hatten". Ferner meint Kelm: „Die Alten starben damals nach unseren Maßstäben jung: Die durchschnittliche Lebenserwartung der Männer betrug 33 Jahre, die der Frauen 30 Jahre", lese ich weiter Kelms Ausführungen auf science.orf.at.[9] Und eine dritte Quelle, die Archäologie-Schweiz, vermutet ebenfalls, dass die mittlere Lebenserwartung sogar nur 20–25 Jahre betragen hätte.[10]

Allen diesen Aussagen liegt zugrunde, dass es kaum biologisches Material gibt, um das Alter damaliger Erdenbürger genauer zu bestimmen. Nur vereinzelte Knochenreste, die einen Rückschluss auf eine gewisse Zahl von Menschen hohen Alters kaum zulassen. Auf jeden Fall sprechen diese drei neben weiteren Quellen von einem erreichbaren Durchschnittsalter in der Gegend von 25–40 Jahren. Im Vergleich dazu: Unsere heutige durchschnittliche Lebenserwartung beträgt nach dem Deutschen Statistischen Zentralamt Destatis[11] für Frauen rund 84, für Männer um die 78 Jahre!

Stutzig geworden bin ich allerdings, als mir auffiel, dass die Lebenserwartung in folgender Art und Weise berechnet wird: „[Sie]… ist die im Durchschnitt zu erwartende Zeitspanne, die einem Lebewesen ab einem gegebenen Zeitpunkt bis zu seinem Tod verbleibt, wobei bestimmte Annahmen über die Sterberaten zugrunde gelegt werden.[12] (…) die menschliche Lebenserwartung wird von verschiedenen Einflussfaktoren bestimmt. Statistische Verzerrungen können sich durch die Säuglingssterblichkeit und weitere Mortalitätsdaten ergeben".

Jetzt wollte ich mehr wissen, zumal meine intensivere Recherche ergab, dass andere Quellen zu deutlich abweichenden Zahlen kommen. So beispielsweise die Datenversteher: „Im Gegensatz zu dem, was man in den Medien häufig hört, hatten die Menschen in der Steinzeit (nachdem sie ihre Kindheit überstanden haben) eine Lebenserwartung von [bis zu] 75 Jahren (Studie von Kaplan und Gurven, 2007)".[13] Na, das klingt doch ambitioniert, denn: „Die Lebenserwartung von 30 [oder 40] Jahren, die häufig für die Steinzeit angeführt wird, kommt nur zustande, wenn man auch die hohe Kindessterblichkeit mit einbezieht". Ihre Schlussfolgerung daraus: Man könne „mit einem hohen Maß an Berechtigung die Hypothese aufstellen, dass unsere altsteinzeitlichen Ahnen im Mittel sogar deutlich älter wurden als 54 Jahre. Und, wenn sie mit Glück und Verstand von den damals üblichen Haupttodesursachen (Verletzungen, Infektionen, Opfer von Raubtieren) verschont geblieben sind, sogar ebenso alt geworden sind wie wir heute im Mittel".

Ja, so ist das mit der Statistik – die Tücken liegen im Detail.

Dazu ein Beispiel:

> Wir beide, sonach Sie und ich, sind hungrig, daher kaufen wir uns zwei Paar Würstchen. Ich lasse Ihnen aber, da ich mehr „Reserven" habe, den Vortritt und Sie essen alles. Statistisch gesehen sind wir danach beide satt.

Die Lebenserwartung in der Antike

Hier kann sich ebenfalls kein einheitliches Bild der Lebenserwartung ergeben, wenn man bedenkt, dass das Römische Reich rund 1.300 Jahre bestanden hat (8. Jh. v. Chr. – 5. Jh. n. Chr.), das antike Griechenland zwar ähnlich lange, freilich ungefähr 800 Jahre früher, sowie das der Spartaner von näherungsweise 1.200 bis zirka 320 vor Christus.[14]

Die Lebenserwartung dürfte je nach hygienischen Bedingungen und Ernährungszustand, nicht zu vergessen die ausdünnenden Folgen kriegerischer Auseinandersetzungen, recht stark geschwankt haben. Einige gute Ansätze finden wir z.B. in der Bibel, die in der Spätantike der christlichen Kaiser in Rom zum Maß aller Dinge wurde.[15] Da heißt es in Psalm 90: „Unser Leben währt siebzig Jahre, und wenn es hochkommt, sind es achtzig." Und das vor fast 2000 Jahren!

Für Sparta eine andere Annäherung, damit der „Zahlensalat" halbwegs auszuhalten ist: „Ab in etwa 29 Jahren bis zum Alter von etwa 50 Jahren gelten die Männer (…) als Erwachsene und aus ihren Reihen, werden auch die höchsten Ämter besetzt". Hier war man also bis ca. 50 erwachsen, was gar nicht so weit von unserer Alterszeitrechnung abweicht, denn meist wird bei uns der Übergang zum Alter mit 60, manchmal 65 Jahren festgelegt.

Über die Zeit nach dem 50. Lebensjahr erfahren wir: „Die Gerusia[16] [der Ältestenrat] ist eindeutig als aristokratisches Element im politischen System Spartas zu sehen. Zusammengesetzt aus den beiden Königen und 28 altgedienten, adeligen Spartiaten im Alter von über 60 Jahren, war dieses Gremium zum einen der oberste Gerichtshof, und zum anderen", so lesen wir, „ein beratendes Organ für die Volksversammlung". Das heißt demnach, dass es genügend über 60-Jährige gegeben haben muss, sonst hätte die Gesetzgebung wohl Nachwuchssorgen bekommen.

Wie so vieles, änderten sich im Mittelalter die Lebensumstände fast aller Menschen, für die meisten dramatisch.

Die Lebenserwartung im Mittelalter

Über diese Zeit in Europa, ab dem 6. Jahrhundert nach Christus bis zum Beginn der Neuzeit im 15. Jahrhundert[17], ist es gar nicht so einfach, belastbare Daten zu finden, denn es gab noch keine Geburts- oder Sterberegister; diese kamen erst im späten 19. Jahrhundert[18] auf. Dennoch kennen wir viele Quellen, vor allem, seit es den Buchdruck[19] gibt (über den wir gelernt haben, dass Gutenberg ihn so um 1450 erfand, was jedoch zunehmend bezweifelt wird), die über das Leben in dieser Zeit Auskunft geben können.

Was nun das reine Lebensalter betrifft, so liest man meist, dass die Menschen, statistisch betrachtet, kaum 40 Jahre alt geworden sind. Wenn man bedenkt, dass die hygienischen Bedingungen um so vieles schlechter waren als zuvor – die Römer hatten fließendes kaltes und warmes Wasser, tägliches Baden war ein Volkssport, manchmal sogar ein gesellschaftliches Muss[20] – ist es kein Wunder, dass die Lebenserwartung niedrig war.

> Absolut erstaunlich ist in diesem Zusammenhang, dass es nach einer kulturellen Hochblüte solche Tiefs gab, als mehr oder weniger dieselben Menschen in derselben Gegend so vieles vergessen und verdrängt hatten, was zuvor eine Erfolgsgeschichte gewesen war.

Weitere Faktoren der „Kurzlebigkeit" waren die Pest und der abergläubische Zeitgeist, der unzählige Menschen, hauptsächlich Frauen, das Leben kostete. Stichwort Hexenverbrennung.[21] Daneben waren die schwere körperliche Arbeit und die Vielzahl an Geburten so auszehrend, dass wenige Frauen älter als 40 Jahre wurden. In Anbetracht der nicht vorhandenen Geburtenkontrolle und des ungezügelten Sexuallebens sah sich die – damals dominierende – Katholische Kirche dazu veranlasst, Enthaltsamkeit samt Fasten zu gebieten statt Beischlaf zuzulassen;[22] allein es war (schon damals) eher ein frommer Gedanke.

„Laut des Historikers Klaus Arnold starb im Mittelalter eines von zwei geborenen Kindern bereits im ersten Lebensjahr", weiß klei.org[23], und weiter: „Sogar in guten Zeiten verstarb jedes fünfte Kind, bevor es zwei Jahre alt werden konnte. Von den 20 Kindern einer mittelalterlichen Mutter erreichten letztendlich nicht mehr als 1-2 Kinder das Heiratsalter", heißt es ebendort, auch ein Beispiel wird genannt: „So lebten von den 18 Kindern der Barbara Holper um 1502 nur noch der 31-jährige Albrecht Dürer[24] jun. und seine zwei Brüder, der 18-jährige Endres und der 12-jährige Hans."

Das Mittelalterlexikon nennt ähnliche Zahlen:[25] „Die durchschnittliche Lebensdauer (...) betrug zu Beginn des 14. Jh. etwa 35 Jahre (...) Diejenigen Individuen, die der hohen Kindersterblichkeit entgangen waren, erlitten großteils aufgrund von Mangel- und Fehlernährung, von körperlicher Anstrengung und Krankheit eine schnellere ‚Abnutzung' und [einen] früheren Tod". Es waren aber, so heißt es dort weiter, „(...) durchaus Hundertjährige anzutreffen. Frauen hatten infolge der hohen Risiken der Geburt sowie aufgrund unangemessen schwerer Arbeitsbelastung eine geringere Lebenserwartung als Männer, bei denen kriegsbedingte Risiken offenbar keine entscheidende Minderung erbrachten. Man hat gefunden, dass mehr Männer zwischen 40 und 60 Jahren starben als zwischen 20 und 40 (...); für Frauen galt das umgekehrte Verhältnis."

Wenn man die Statistik jedoch wieder etwas anders liest, ergibt das bei Berücksichtigung der beträchtlichen Kindersterblichkeit ein näherungsweises Lebensalter von 50 bis 70 Jahren. Das dann erreicht werden konnte, wenn man die ersten Jahre überlebte. Offensichtlich aber mit einem deutlichen Unterschied zwischen den Geschlechtern.

Hier abschließend noch eine letzte Berechnung der vermuteten Lebensdauer zwecks Relativierung:[26] „Wurde also beispielsweise ein Bauer 70 Jahre alt, sein Sohn starb mit 10, so ist die durchschnittliche Lebenserwartung der beiden 40 Jahre (70+10=80, 80/2=40). Wurde ein anderer Bauer 100, seine drei Kinder verstarben hingegen alle im Alter von 4 Jahren, so ist ihre durchschnittliche Lebenserwartung 28 Jahre". Da soll sich einer auskennen.

Die Lebenserwartung in der Neuzeit

Wenn man den Zeitraum der Neuzeit hernimmt, so beginnt sie gemäß der Lexika ca. ab dem 15. Jahrhundert, ab der Erfindung bzw. der Nutzung des Schießpulvers und nach den Entdeckungsfahrten der Portugiesen und Spanier.[27]

Die frühe Neuzeit war geprägt von langen Kriegen mit hohen Verlusten, z.B. dem Dreißigjährigen Krieg (1618-1648), aber auch von einer kleinen Eiszeit[28], sodass bei uns das Bevölkerungswachstum deutlich gebremst wurde.[29] Dazu kamen die Pest- und Tuberkulose-Epidemien im 17. Jahrhundert, die viele Menschenleben kosteten. Danach ging's deutlich bergauf: In „Leben und Sterben in der Frühen Neuzeit" von Christine Cooper[30] lernen wir: „Während die Kindersterblichkeit bis weit in das 19. Jahrhundert hinein unverändert hoch blieb, verbesserte sich die Lebenserwartung der Erwachsenen (...) im Laufe des 18. Jahrhunderts. Ein Drittel derer, die in der ersten Jahrhunderthälfte geboren wurden und die Kindheit überlebten, erreichte ein Alter von über 60 Jahren. Bei den in der zweiten Jahrhunderthälfte Geborenen war es schon die Hälfte."

„Etwa um 1750 begann die allgemeine Lebenserwartung in Deutschland zu steigen. Im folgenden Jahrhundert sorgten sodann bessere Ernährung und der medizinische Fortschritt für ein längeres Leben (...)", schreibt die Bundeszentrale für Politische Bildung, und: „Gegen Ende des 19. Jahrhunderts ging die Kindersterblichkeit stark zurück. Die Bevölkerung wurde jünger. In der ersten Hälfte des 20. Jahrhunderts sank dann die Sterblichkeit im mittleren Lebensalter, denn die Lebens-/Arbeitsbedingungen wurden besser, und man konnte die großen Infektionskrankheiten wirksamer bekämpfen. Die Sterblichkeit im höheren Lebensalter konnte erst nach dem Zweiten Weltkrieg durch die Fortschritte der (teuren) Altersmedizin und die verbesserte finanzielle Versorgung der älteren Menschen entscheidend reduziert werden".[31]

Der wirkliche Wandel begann jedoch erst mit dem Übergang zur Industrie- bzw. Dienstleistungsgesellschaft. Gearbeitet wurde kaum mehr unter freiem Himmel, sondern in gedeckten Hallen und obwohl die Arbeitsbedingungen oft katastrophal waren, stieg die Lebenserwartung dennoch stark an, nach der (wie oben infrage zu stellenden) Statistik auf rund 45 Jahre bei Männern, ca. 48 Jahre bei Frauen.[32] Die folgende Zeit hin zum 20. Jahrhundert bedeutete, selbst unter Berücksichtigung der beiden Weltkriege, eine – vor allem danach – rasant steigende Lebenserwartung.

Schlussendlich weiß das deutsche Onlineportal für Statistik:[33] „Die durchschnittliche Lebenserwartung bei der Geburt in Deutschland beläuft sich für Männer auf 78,4 und für Frauen auf 83,2 Jahre. Damit hat sich die Lebenserwartung seit dem 19. Jahrhundert zügig entwickelt, und sich gegenüber der 1870er Jahre mehr als verdoppelt".

Die steile Kurve

Zum Abschluss ein kurzer Überblick zur Änderung der statistischen Lebenserwartung[34], grob gerundet, auch absichtlich in dieser Form dargestellt. Die Jahreszahl zuerst, anschließend die Lebenserwartung der Männer/der Frauen.

Erwartet wird:
2060: 85 / 88
2040: 82 / 86
2020: 79 / 83
2000: 75 / 80
1980: 70 / 76
1960: 67 / 73

Das muss man sich auf der Zunge zergehen lassen – im Durchschnitt!

Es ist folglich eindeutig, gleichsam aktenkundig, dass wir betagter werden, rasant deutlich älter. Immer aber bitte in Relation zum früher Angeführten. Nämlich der Lebenserwartung im Verhältnis zur Kindersterblichkeit – die heute bei uns ja (statistisch und nur für diese Betrachtung) keine erhebliche Rolle mehr spielt.

„Nicht die Jahre in unserem Leben zählen, sondern das Leben in unseren Jahren", soll der amerikanische Politiker Adlai Ewing Stevenson (1900-1965) gesagt haben, der damit wohl die sehr unterschiedlichen Lebensweisen und Lebensumstände in seinem Land meinte.

Fazit:
Menschen kommen auf die Welt und sterben. Das Lebensalter hängt stark von ihren Lebensumständen ab, von ihren hygienischen Verhältnissen, manchmal – erstaunlicherweise – sogar von der Religion. Mit den modernen Errungenschaften der Medizin plus der Technik werden wir laufend älter, die ersten Menschen, die über 120 Jahre leben können, sind bereits geboren.

Es ist nicht so bedeutsam, wie alt die Menschen an Jahren wurden, wichtiger ist, welche Rolle sie als Senioren in ihrem sozialen Umfeld spielten. Der Einfachheit halber betrachte ich die Zeit der Antike, also jene der Hochkulturen der Griechen/Spartaner und der Römer, gemeinsam; getrennt davon das Mittelalter samt Neuzeit.

1.2 Die Rolle der Alten

Vorausschicken möchte ich, dass ich die soziale Bedeutung der Menschen, ihre gesellschaftliche Stellung, die damit manchmal deutlich anderen Lebensumstände und deren Zukunftsaussichten nur marginal berücksichtigt habe.

Die Rolle der Alten in der Antike

„Während die Athener alte Menschen gezielt ausgrenzten, schätzten Spartaner und Römer das Wissen und die Erfahrung der älteren Generation"[35], heißt es in einem Artikel von Ernst Baltrusch[36], Professor für Alte Geschichte.

„Ausgerechnet in der demokratischen Vorzeigegesellschaft des antiken Athens jedoch wurden alte Menschen systematisch ausgegrenzt"[37], meint Matthias Thiele, genauso wie: „Eine Angst, die man in Rom nicht kannte. Der Senat etwa war ursprünglich ein Ältestenrat, einen Ruhestand kannten die Amtsträger während der Römischen Republik nicht. Sie wurden auf Lebenszeit ernannt und lenkten die Geschicke des Staates bis zum letzten Atemzug. Dies änderte sich erst in der Kaiserzeit[38], somit knapp nach Christi Geburt, als die Senatoren ab 60 Jahren von Senatssitzungen befreit wurden und bestimmte politische Ämter nicht mehr übernehmen durften". Die „Befreiung" dürfte eher ironisch gemeint sein, denn die Kaiser hatten wohl keine so große Freude mit kontrollierenden Senatoren.

Die Spartaner schätzten, so wie anfangs die Römer, die wichtige Rolle der Älteren, denn es heißt bei geschichte.de: „Erst im hohen Alter von 60 Jahren endete für einen Spartaner das Leben als Soldat. Die Alten – von denen es besonders nach Kriegszeiten sicherlich nicht viele gab – genossen in Sparta höchstes Ansehen. Ihr Rat war geschätzt und bei den Festen erhielten sie die Ehrenplätze."[39]

Zur abrundenden Bestätigung ein Zitat von J. Brell: „Menschen waren alt ab 60"[40], sowie: „(...) wurden (wenigstens tendenziell) aufs Altenteil gesetzt, und hatten mehr oder weniger Anspruch auf Versorgung. Das demokratische Athen war altersfeindlich, das kriegerische Sparta und das republikanische Rom altersfreundlich".

Die Rolle der Alten im Mittelalter

Einer der Faktoren, die die Stellung der Senioren – obendrein – beeinflusste, hieß Alphabetisierung. War diese beispielsweise im Römischen Reich relativ hoch[41] – reichliche pornographisch-literarische Zeugnisse an allen möglichen Orten wissen davon zu berichten – so sank sie im Mittelalter dramatisch. Ähnlich wie die Hygiene. Bildung war demnach ein Privileg der Oberschicht und des Klerus, was zu einer gewissen Besserstellung dieser Alten führte. „Alte Menschen erscheinen häufig in prominenten Positionen"[42], weiß B. Fischer, und: „Weil die Schriftlichkeit (…) erst allmählich auf eine breitere Grundlage gestellt wurde, waren die Alten Vermittler sowie Gewährsleute für Kontinuität und Wissen (…) strittige Grenzziehungen verhandelte man nach dem Ratschlag älterer Personen".[43]

Im Gegensatz dazu: „Auch im Mittelalter legte man gesellschaftlich wenig Wert auf die ältere Bevölkerung", meint Norbert Bradtke: „Öffentlich anerkannte Positionen wurden nicht mehr mit betagten Menschen besetzt".[44]

Von einer besonderen Geringschätzung der Betagten, die verspottet, sogar verlacht worden wären, hören wir bei Ingeborg Staudenmeyer und ihren Forscherkollegen, die da sagen: „Alte und Schwache sind nutzlose Zeitgenossen; von sozialer Verantwortung für sie ist man weit entfernt"[45] – sie meinen damit unsere Vorfahren, die im 13. Jahrhundert in der Egil-Saga das Alter verspotteten. Andernorts passierte Ähnliches, wie wir weiter lesen: „Der Eindruck entsteht, dass eine Gesellschaft, die – demografisch betrachtet – überwiegend aus jungen Menschen besteht, sich in Schwank und Witz dafür räche, dass die Alten das Zepter führen. ‚Die Augen trübe, die Nase trieft, die Ohren taub, die Zehen schwarz und faul, die Haare fallen aus, die Glieder zittern; er (der Alte) lobt das Alte und verschmäht das Neue, er ist stetig bekümmert, betrübt und krank'". So beschreibt Albrecht von Eyle gegen Ende des 15. Jahrhunderts die im Alter auftretenden Gebrechen. Womit es nicht mehr weit zum – teilweisen – Rollenbild der Alten in der Neuzeit ist.

> Noch ein „Schmankerl", das den Sozialstatus betrifft: „Reiche [ältere] Frauen waren früher als arme Frauen von Zahnausfall betroffen. Sie konnten sich Zucker leisten und bekamen dadurch Karies mit nachfolgendem Verlust ihrer Zähne. Ein Mund ohne Zähne, bzw. ein zahnloses Lächeln galten in dieser Zeit eher als Zeichen des Wohlstandes".[46]

Die Rolle der Alten in der Neuzeit

Wie lebt(e) es sich also in der Neuzeit, wie ging's denn den Betagten? Auf jeden Fall haben sie, d.h. wir, ein Sozial- und Absicherungssystem, das es so noch nie gab. Freilich waren in der Geschichte der Menschheit die Alten nicht automatisch zum Sterben verurteilt, sobald sie nur mehr wenig zum Überleben der anderen beitragen konnten. Familienstrukturen, Religion und später dann staatliche Vorgaben regelten den Umgang, dass aber die Allgemeinheit für einen so großen Teil der Bevölkerung zu sorgen hat, ist neu.

„In jungen Gesellschaften", weiß Ursula Lehr[47], eine der führenden Wissenschaftlerinnen unter den Gerontologen, „in denen ältere Menschen Seltenheitswert haben, werden diese besonders geehrt und geachtet."[48] Daneben: „Das Alter in einer alternden Gesellschaft wie der unseren ist durch einen Rollenverlust gekennzeichnet. ‚Der alte Mensch wird nicht mehr gebraucht' ist eine weit verbreitete Einstellung heute, die allerdings an der Realität vorbeigeht". „Heute bewegen wir uns hin zu einer altersirrelevanten Gesellschaft"[49], ergänzt Adelheid Kuhlmey[50] von der Charité, und zum gefühlten Alter: „Wir fühlen uns innerpsychisch in der Regel zehn Jahre jünger als wir kalendarisch sind", z.B. bei „Menschen, die man viele Jahre nicht gesehen hat, und von denen man dann denkt: Der oder die ist alt geworden, ohne dabei das eigene Altern wahrgenommen zu haben". Geht mir bei Maturatreffen auch so. Da denke ich mir manchmal: Da hat jemand einen Elternteil in Vertretung geschickt.

Medizinisch gesehen bekommen wir alles, was wir benötigen, dazu in höchster Qualität. Aufgrund der großartigen Bedingungen und wohl ebenso, da es seit mehr als 75 Jahren in Mitteleuropa und den meisten Teilen der westlichen Welt keinen Krieg gegeben hat, ist enormer Wohlstand eingekehrt; fast könnte man sagen: Der Wohlstand brach über uns herein. Rüstig wie 20 Jahre Jüngere, sind Senioren meist in der Lage, ihre Rente zu genießen; oft nicht nur ein paar Jahre, sondern länger; sogar länger, als sie überhaupt gearbeitet haben!

Es geht uns also gut. Es geht den meisten sogar sehr gut! Lange wird das jedoch kaum so weitergehen, da laufend weniger Verdiener immer mehr Alte für eine steigende Zahl an Jahren erhalten müssen. So, wie es derzeit konstruiert ist, könnte man die Finanzierung als öffentlich-finanziellen „Selbstmord mit Anlauf" bezeichnen. Siehe Kapitel „Pension und Rente". Früher oder später entwickeln sich vermutlich Konflikte, denn irgendwer hat das zu zahlen. Ob das weiterhin mit staatlichem „Gelddrucken" funktioniert, würde ich verneinen. Wenn ich hingegen die Weltwirtschaft in den letzten 20

Jahren betrachte, könnte es durchaus funktionieren. Japan zeigt es ebenso wie die USA und selbst die EU macht es neuerdings nach. Daher, warum nicht? Solange genug von uns an die bunten, kleinen und faltbaren Papierscheinchen in der Tasche glauben, solange scheint es egal zu sein, ob diesen etwas gegenübersteht; früher war es Gold, heute sagt man, müssen es zumindest „Güter" sein.[51] Nur – sind String Tangas von Pimpkie in diesem Sinn auch Güter?

1.3 Die Pension oder die Rente

Zu unserem Riesenglück gibt es hierzulande diese Altersversorgung, Näheres dazu in späteren Kapiteln. Für manche in unserem Land ist die Pension die verdiente Belohnung für ein langes Arbeitsleben, für einige hingegen die Fortsetzung des Früheren, nur von anderer Stelle berappt. Bezahlt in Form eines Umlageverfahrens, bei dem die eigenen Zahlungen in die Pensionskasse unmittelbar zur Finanzierung der Leistungen (an andere) herangezogen werden. Man kriegt daher später nicht sein eigenes Angespartes zurück, sondern die Einzahlungen der dann Aktiven. Damit unsere Rente ausbezahlt werden kann, müssen Junge oder gerade nicht mehr ganz Junge das Geld erarbeiten. Gleichzeitig wollen sie „leben", was heute für Berufstätige oft gar nicht so einfach ist – Stichwort „Life-Work-Balance" – oder heißt's doch „Work-Life-Balance"?[52]

Vom Jungspund zum alten Eisen

> „Es ist ein Jammer, dass die Zeit so kurz ist, zwischen der Spanne, wo man zu jung, und jener, wo man zu alt ist". Charles Baron de Montesquieu (1689–1755)[53]

Ja, kurz ist die Phase, bedenklich kurz. Gerade eben mussten wir uns die ersten Sporen verdienen, die Welt kennenlernen –

durften ihr ein Bein ausreißen[54] – und uns um nichts anderes kümmern, außer um uns selbst. Leicht verblasste Fotos, oft noch in Schwarz-Weiß, künden von unbeschwerten Camping-Urlauben, Mykonos, Maturareisen samt ersten Autos. Selbstverdient.

Dann kamen Familie und Heim, da war's aus mit der sorglosen Zeit. Eingetauscht hatten wir sie gegen etwas Wunderbares: einen Partner und ein paar Kinder. Tunlichst nicht umgekehrt. Eine Zeit voll Müssen und wenig Dürfen. Stephanie, genau in dieser Situation des Lebens, weiß davon ein Lied zu singen.[55] Alsdann hatten wir:

„Weniger Familien-, weniger Büro-Zeit" und mussten „den Freundinnenbesuch wieder um eine weitere Woche verschieben" und weiter: „Was bleibt, sind gelegentliche Reue-Gedanken um 22:53, wenn man erschöpft ins Bett fällt, oder doch noch einmal mit dem Kind aufs Klo geht."

Kaum, dass die Kinder auf die Welt kommen, sind sie wieder aus dem Haus. Plötzlich ist man 50, kein Jungspund mehr, doch noch nicht alt. Außer man fühlt sich so. Und gerade diese Zeit und die nächsten Jahre wären die besten, um sich auf das Alter vorzubereiten. Es wird schwierig, mit 65 in einen neuen Lebensabschnitt einzusteigen, wenn man dafür nicht schon ein wenig Anlauf genommen hat. Im wörtlichen Sinn, denn wenn eine gewisse Fitness erst dann angestrebt wird, hält das der Körper selten aus. Die Zeitungen sind voll mit Geschichten von Menschen, die eben erst in Pension gingen und an einem Marathon teilnahmen, der nicht an der Ziellinie, sondern am Himmelstor endet.

Auch sein Sozialleben kann man später nicht plötzlich „hochfahren": Die Menschen, mit denen man sich treffen oder austauschen möchte, haben eigene Familien, eigene Freundeskreise oder -runden, und da ist es schwer, in späten Jahren dazuzustoßen.

Sogar um Hobbys sollte man sich idealerweise nicht erst beim Pensionsbeginn kümmern. Frühzeitig gestartet, vor allem, wenn es sich um solche handelt, bei denen man mit anderen Menschen zu tun hat, gestaltet sich's im Alter leichter. Dann wird einfach mehr Zeit damit verbracht – wobei: Die Rentner haben ja nie Zeit, wie ich rundum höre.

Ganz besonders wichtig scheint mir die finanzielle Vorsorge zu sein. Beizeiten darum gekümmert, wird es leichter, mit den Einschränkungen zurecht zu kommen, die eine Pensionierung mit sich bringt. Denn bitte vergessen Sie nicht: Sie werden für gewöhnlich beträchtlich weniger Geld zur Verfügung haben als zuvor. Es ist daher ratsam, rechtzeitig Einnahmequellen zu suchen, die später ein bisschen dazusprudeln, oder Ansparmodelle zu überlegen, etwas zurückzulegen.

Im Job werden wir ebenso spätestens ab 45-50 Jahren die Richtung vorgeben müssen. Ob wir in der gewohnten Tretmühle bleiben oder uns nach weiteren Optionen umsehen? Eventuell eine neue Anstellung finden, sogar ein Start-up gründen?

Wie Marie, lange Jahre in einem Krankenhaus tätig, die beschließt, nach der Halbzeit ihres Lebens etwas gänzlich anderes zu tun.

Halb-Zeit

Über die ersten paar Nullen im Leben, mit 10 oder 20 Jahren, freut man sich noch. Ab der 40 fangen die meisten an, über ihr Leben nachzudenken. Es ist wie an Silvester: Man lässt das Jahr oder das

Jahrzehnt Revue passieren und macht Pläne für das, was kommt. Das Jahr vor meinem 40. Geburtstag war beruflich für mich wegweisend. Drei Ereignisse haben dazu geführt, dass ich genau einen Monat vor meinem Geburtstag meinen letzten Arbeitstag in einem Job hatte, der von außen betrachtet sehr gut war, in den ich viel investiert hatte und der viele Karrieremöglichkeiten bot.

Mein Mann besaß damals schon ein Unternehmen und hatte sich mit zwei anderen zu einem Brain-Trust zusammengeschlossen, in dem sie sich regelmäßig über ihre unternehmerischen Herausforderungen austauschten. Meistens digital, einmal im Quartal trafen sie sich persönlich. Ich erinnere mich noch gut, als die beiden Partner für ein Wochenende bei uns in Hamburg zu Gast waren. An einem Abend gingen wir zu viert gemeinsam essen und es gab kein anderes Gesprächs-Thema als das Business.

Zum ersten Mal hinterfragte ich leise mein Arbeitsumfeld im Krankenhaus. Dort war nämlich kürzlich bei einem Meeting per Daumenheben beschlossen worden, dass einem Patienten das signifikant bessere OP-Verfahren NICHT angeboten werden sollte, weil es administrativ zu aufwendig wäre! [Administrativ!] Wie es dem Patienten danach ging, weiß ich heute nicht mehr. Damals verstarb auch vollkommen unerwartet eine Kollegin. Erst Anfang 60, gesund und fit. Sie hatte ihren Job gehasst und daraus nie einen Hehl gemacht. Da war's dann genug für mich.

Ich kündigte und gründete ein Unternehmen in einem Bereich, in dem ich kaum Erfahrungen hatte. Natürlich gäbe es auch hier regelmäßig Anlass sich zu ärgern, aber dazu komme ich gar nicht. Ich bin so beschäftigt mit deutlich Größerem, mit etwas, was mir unendlich viel Befriedigung gibt. Ich würde mir wünschen, dass mehr Menschen den Mut haben, schon viel früher mit dem Leben anzufangen, sich nicht mit einer Arbeit zu quälen, die sie nicht erfüllt. Dafür muss man sich bereits in früheren Jahren mit seinen Talenten und Interessen beschäftigen. Dafür ist nicht nur eine neue Null ein wirklich guter Anlass.

Selbst wenn Marie noch viele Jahre bis zu ihrer Pension haben wird, so ist sie doch schon in einer Phase des Übergangs. Vom Frühsommer des Lebens zum Frühherbst. Später, wenn sie in den Ruhestand gehen wird, dabei einen neuen Abschnitt erlebt, werden auch ihr Rituale helfen, Abschied zu nehmen und Vorfreude auf das Kommende zu entwickeln.

1.4 Les rites de passage / Übergangsriten

Für den Ethnologen Arnold van Gennep[56] waren die Übergänge von einer Zugehörigkeit zu einer anderen eine Lebensaufgabe, für uns ist's ein kleiner Teil unseres (Berufs-)Lebens. Nichtsdestotrotz sollen wir ihnen einen gewissen Raum geben, vor allem in der Vorbereitung auf unseren Lebensabend.

Riten, auch Rituale[57] – ich verwende beide Worte mit gleicher Bedeutung – stellen offensichtlich seit Urzeiten ein Hilfsmittel dar, ein Zeichen, um von einem Zustand, von einem Ort respektive von einer sozialen Stellung in die nächste überführt zu werden. Bei uns sind beispielsweise die Erstkommunion, eine Hochzeit oder so etwas Profanes wie die Grundsteinlegung beim Hausbau derartige Symbole. Wir alle haben uns längst daran gewöhnt, ohne sie je infrage zu stellen – sie wurden Teil unserer Kultur. Als wir zum ersten Mal in die Schule kamen, gab's eine Schultüte; wenn wir die Matura/das Abitur schafften, eine feierliche Zeugnisübergabe, und wenn wir einen akademischen Titel erwarben, ein Abschlussritual mit kleinerem oder größerem Pomp. Doktorhut-Werfen inklusive.

„Nach dem Ausscheiden aus dem Berufsleben ist so eine geplante Vorgangsweise [aber] nicht mehr selbstverständlich", lesen wir bei seniors4success[58], der Plattform für Menschen vor und nach der Pensionierung. „Aus vielen Umfragen wissen wir, dass der Prozentsatz derer, die sich nicht vorbereiten oder die sogar sagen, ‚Das lehne ich ab', größer ist, als man vermuten würde. Dabei geht es um unser Leben und unsere Zukunft, wenn es um die Pensionsvorbereitung geht."[59]

Daher kann gar nicht oft genug betont werden: Es handelt sich wahrlich um einen gewaltigen Lebensabschnitt, der – um sich das vorzustellen – gleich lange oder länger dauert als unsere Jugend mitsamt Schule und Lehre oder Studium! Zugegeben, manche von uns haben eine flüchtigere Ausbildung, manche leider auch nur einen kürzeren Lebensabend.

Der Antritt des Ruhestandes heißt ferner, das zukünftige Leben neu ordnen, da das alte System sich radikal ändert oder gänzlich wegfällt. Das muss nicht zwingend Negatives bedeuten, mancher Rentner ist überglücklich, dem Berufsstress, der täglichen Mühle entkommen zu sein, aber eben nur mancher. Auf jeden Fall bedeutet es eine notwendige Neuorientierung, was uns Menschen oft schwerzufallen scheint.

> „Wenn man auf einmal feststellt, dass man zu den Älteren gehört, muss man zuerst einmal damit umzugehen lernen". Johannes Rau[60], vormals Bundespräsident Deutschlands.

Nochmals darf ich seniors4success zitieren, denn dort lerne ich, dass die zukünftigen Pensionisten in drei Gruppen geteilt werden können. „Die Ängstlichen, dazu zählen 16 Prozent, sind pessimistisch und verbinden damit Alter und Krankheit und fühlen sich ohne Arbeit nutzlos, fast abgeschoben. Die Befreiten,

37 Prozent, freuen sich endlich über ihre Freizeit, empfinden ihren Beruf als Bürde und die Pension als herbeigesehntes Ende der Belastung. Die Chancennutzer hingegen, rund 47 Prozent, sehen ihren Berufsaustritt als eine Art Geschenk, um etwas [neues] Sinnvolles anzufangen. Arbeit wird weder als Belastung noch als Mittelpunkt des Lebens empfunden und der Ruhestand als Neubeginn betrachtet."[61]

Allen gemeinsam ist, dass ein Übergang, vermutlich am besten ein geplanter, ein geregelter Übergang, ihnen eine Erleichterung, ein Wegweiser sein kann. Sämtliche Gruppen samt aller, die diesen zuzurechnen sind, werden sich anders vorbereiten, denn die Riten der beiden anderen dürften zuweilen eher abschrecken. Van Gennep hat in seinen Untersuchungen quer über viele Völker und Kontinente hinweg herausgefunden, dass die Abfolge der meisten Übergangsriten nach einem fast gleichen Schema abläuft:

Die Trennungs-, die Übergangs- und die Angliederungsphase

Die erste, die Trennungsphase, wäre bei uns somit vielleicht der innere Entschluss, das Erkennen, dass die Pension jetzt wirklich vor der Türe steht. 10 oder 15 Jahre davor witzeln wir noch darüber oder freuen uns. Fünf Jahre davor wird's ernster, denn je näher der endgültig letzte Arbeitstag rückt, desto stärker werden wir mit unseren eigenen – vermutlich nicht ganz so eindeutigen – Gefühlen konfrontiert.

Sich öfter wiederholende Anspielungen von Kollegen, die vermehrte Werbung für „Silver-Agers" bei Google, Facebook und Amazon, die genau wissen, dass wir demnächst dieser Gruppe angehören könnten. Die erste Post der Pensionsversicherung, in der man uns auffordert, allerlei Zeugnisse und Nachweise beizubringen, z.B. Bestätigungen unseres zukünftig-ehemaligen Arbeitgebers.

Die zweite, die Übergangsphase, wird von der Literatur durchwegs als die schwierigste bezeichnet. Als instabil, losgelöst von der alten Struktur, in der neuen noch nicht angekommen. Im Beruf beispielsweise, wenn Sie von Schulungen und Fortbildungen ausgeschlossen, von Informationen getrennt werden. Wenn Ihr Boss Sie bei neuen Projekten nicht mehr berücksichtigt, andererseits Sie darauf hinweist, Sie mögen die laufenden zeitgerecht abschließen. „Sie wissen ja, Herr Kollege, bis sich Ihr Nachfolger eingearbeitet haben wird..., da wäre es doch besser..., fühlen Sie sich keinesfalls unter Druck gesetzt..." Dann, ja dann hat man Sie bereits abgeschrieben und Sie somit zunehmend isoliert.

Die letzte Phase heißt Angliederungsphase: Hier findet das Zeichen der Zugehörigkeit und der Eingliederung in eine neue Position in der Gesellschaft statt. Beispiele könnten sein: die Aufnahme in den Pensionistenverein, die Präsentation als Vorstandsmitglied beim Sportclub oder die Einordnung in die Altersklasse 65+ beim Golf. Was? Sie spielen nicht Golf? Dann wird es Zeit, denn Golfspieler haben zwar die höchste Sterblichkeitsrate aller Sportarten, höher sogar als bei Berufsboxern, dennoch gleichzeitig auch eine bis zu fünf Jahre höhere Lebenserwartung, wenn man einer Studie des Scandinavian Journal of Medicine & Science in Sports glauben darf. Also nix wie hin! So ist unser Leben heute, alles passiert zugleich.

Beispiele für Rituale

Gegen den ersten Teil dieses Rituals kann sich niemand wehren, denn unsere Geburtsurkunde gibt jedem, den es interessiert, Auskunft (es lebe die Datenschutzgrundverordnung!)

und in unserer Gesellschaft sind damit gewisse Veränderungen vorgesehen. Im positiven Fall vielleicht Rabattkarten, Senioren-Ermäßigungen oder günstigere Tickets bei der Bahn.

Der zweite Abschnitt ist wohl zusätzlich von unserem eigenen Verhalten abhängig. Wenn wir überall erzählen, dass wir uns „soo" auf den Ruhestand freuen, wird die Reaktion anders ausfallen, als wenn wir den Kollegen und Chefs unmissverständlich signalisieren, dass wir eventuell in irgendeiner Form lieber weiterarbeiten wollen. Wenn wir von Zeit zu Zeit einstreuen, dass es zu Hause bald „eng zugehen würde", oder, dass wir „schon sehr interessiert sind, das begonnene Projekt weiter zu begleiten", könnten die Signale verstanden werden. Das heißt nicht, dass das automatisch akzeptiert wird, ohne diese Hinweise jedoch würde es später schwierig, andere Wünsche zu artikulieren.

Kehren wir zurück zu den Riten: Der Ablauf der drei Stufen ist demgemäß weitestgehend institutionalisiert, nicht wirklich von uns steuerbar. Doch das „Wie" ist's bestimmt. Wir können uns auf die Veränderung vorbereiten, vermögen im Vorfeld drohenden Zuständen wie einem möglichen Pensionsschock – der öfter passiert, als man annehmen würde, manchmal erst zeitversetzt – einem Gefühl der Sinnlosigkeit oder Wertlosigkeit vorbeugen. Wir sind in der Lage, für den Übergang ein uns passendes Ritual zu entwerfen.

Wie kann ein solches Ritual aussehen? Mögliche Elemente wären Rückblicke, Feiern, Feste, Reisen, Reden... All das kann sehr oder weniger öffentlich sein – jedoch allein und für sich selbst abgehalten, fürchte ich, wäre die Wirkung beschränkt. Jedes dieser Rituale hat die Funktion, unseren ganz speziellen Übergang zu zeigen, ihn mit-erleb-bar zu machen. Auch, um den Abschied bewusst zu erleben. Der einzige Ritus, bei dem wir das nicht können, ist unsere eigene Beerdigung. Dennoch würden wir es vermutlich kaum glauben, wenn wir die Zahl derer wüssten, die ihre eigenen Begräbnisse bis ins Detail durchplanen, dies alles sogar in ihren Testamenten festhalten – und wehe, wenn das nicht befolgt wird! Enterbungen soll es deshalb bereits gegeben haben.

Ein beredtes Beispiel heißt Renate (82), Deutschlands bekannteste Twitter-Omi. Sie hat frühzeitig genau festgelegt, wie das abzulaufen hätte.[62]

Meine Beerdigung ist im Voraus bezahlt, alles ist genau festgelegt. Ich will nicht, dass gesungen wird. Da singt immer einer schief, und dann muss ein anderer lachen, und die ganze traurige Stimmung ist dahin. Ich habe Gesang verboten. Es gibt Musik vom Band. Erst das Requiem von Mozart, anschließend der blinde Italiener mit ‚Time to say Goodbye' und als Zugabe von Trude Herr ‚Niemals geht man so ganz'. Der Bestatter Rachmeier hat zwar den Kopf geschüttelt und gesagt: ‚Frau Bergmann, das ist eine Beerdigung, kein Popkonzert', aber ich bestehe darauf. Schließlich ist es MElNE Beerdigung, schließlich bezahle ich alles, dann kann ich auch die Musik bestimmen.

Ich will nichts nachgeworfen kriegen. Nee, ich habe alles genau geregelt und verfügt, Kirsten weiß Bescheid, Stefan auch. Sie sollen mir den Ehering abnehmen und verkaufen, was soll ich da unten damit? Das ist ein Grab und kein Wertstoffhof. Außerdem – wenn ich doch in den Himmel komme, wer weiß, welchen meiner Männer ich wiedersehe. Das gibt nur Ärger, wenn ich mit dem Ring von Walter komme, und da steht vielleicht Wilhelm. Nee, nee…

Ich habe ein bisschen Sorge, dass meine Tochter Kirsten alles umschmeißt und mich mit ihren Räucherstäbchen und Krishnas

Segen begraben lässt. Deshalb wissen neben Stefan auch Ilse, Kurt und Gertrud genau Bescheid. Die sollen ihr auf die Finger klopfen, sie haben Vollmacht zum Einschreiten. Ich traue dem Braten nicht so recht. Ja, und wer was erben soll, habe ich genau verfügt. Das Testament liegt beim Amtsgericht, wie es sich gehört. Damit ja keiner was beiseitebringen kann. Gucken Sie nicht so! Ich traue es niemandem zu, aber, man weiß eben nie. Beim Geld hört die Freundschaft auf...

Ein bewusstes Abschiednehmen neben der mentalen Vorbereitung ist da wie dort wichtig. Für immer und für die Pension. Man sollte rechtzeitig damit anfangen, es sorgsam planen – bei einer Hochzeit tun wir das ja genauso – schlussendlich sollte auch der Übergang in die Rente lustig sein, nicht traurig. Wie bei Begräbnissen: Ganz bewusst soll getrauert werden, daneben aber auch gelacht. Denn beides tut gut, raten selbst Theologen.[63] Sich vielleicht ein Beispiel an dieser Grabinschrift nehmen?

> Es ruht die ehr- und tugendsame *Jungfrau* Genoveva Voggenhuberin, betrauert von ihrem einzigen Sohn[64]

Ein Beispiel für ein positives Übergangsritual aus meiner Familie: Meine Schwester Christine, vormals hohe Beamtin in einem Ministerium, hat von ihrem Beruf folgendermaßen Abschied genommen[65], der ungewöhnlich und für alle Beteiligten ein lustiges Ereignis war.

Für Wunder muss man beten, für Veränderungen muss man arbeiten[66]

Und dann kam der Übertritt in den Ruhestand. Wie sollte ich ihn begehen? Einfach per Mail ‚Auf Wiedersehen' sagen und den näheren Kolleginnen die Hand reichen? Nein: Ich wollte ein Fest geben, denn Feste sind Übergangsrituale. Und ich wollte mich für viele gute Jahre bedanken. Ich hatte gern und mit tollen Menschen gearbeitet, freute mich aber auch auf die freie Zeit. Manch ältere Kollegen, die größeren Aufwand nicht scheuten, luden den Kollegenkreis zu einem Essen ein. Oder zu Brötchen und Sekt im beruflichen Umfeld. Ich dagegen wollte tanzen! Mit den Kolleginnen und Kollegen!

Auf der Weihnachtsfeier des Ministeriums gab es stets eine Band, und einige wenige, die auf der halb leeren Tanzfläche Rock'n' Roll und Cha-Cha-Cha tanzten. Biodanza[67] mit meinen Kolleginnen zu machen? Das kam nicht infrage, sie wären überfordert gewesen – und ich ebenso. Ich suchte deshalb etwas, wo die Schwelle für die Beteiligten geringer wäre. Meine Lösung war Volkstanzen!

Ein Kollege hatte mich einmal zum Volkstanzen mitgenommen, da gab es zwei oder drei Musikanten und einen Tanzleiter, der die Tänze und die Schritte erklärte. Geübte und Ungeübte (wie ich) konnten daran teilnehmen. Also machte ich mich auf die Suche. Über eine Mitarbeiterin, die selbst oft im Dirndl auftrat, fand ich einen Brauchtumsverein aus der Wachau, fuhr nach Krems mit ein paar ‚Blümchen' in der Hand und verhandelte mit deren Obfrau.

Alsdann kamen sie mit einem Bus, sieben Personen in Tracht, und hatten einen Einführungstanz vorbereitet, bei dem die Tänzer im Schneeballsystem eingeladen werden mitzutanzen. Es funktionierte. Eineinhalb Stunden tanzten Top-Verwaltungs-Juristen und Ingenieure, Anwälte und Richter miteinander, während sich die Nichttänzer unterhalten konnten. Der Verein erhielt eine Spende und seine Tänzer ein Abendessen. Und ich, ich bekam nicht nur viele schöne Tänze, sondern ein insgesamt rundes Fest mit gutem Essen, netten Reden und persönlichen Gesprächen.

Für jene, die trotz des anregenden Beispiels weitere Inspirationen benötigen, hat WisR[68], die Talenteplattform für Ältere, eine Checkliste erstellt, sie nennt sich Retirement Preparation Kit.[69] Im Vorwort heißt es da: „Der Ruhestand ist eine interessante Zeit, die beängstigend und fröhlich zugleich sein kann. Es ist wichtig, sich Zeit zu nehmen, um über Ihr Leben in allen Aspekten nachzudenken! Schreiben Sie auf einem Arbeitsblatt auf, was Sie in dieser neuen Lebensphase anstreben. Nehmen Sie sich so viel Zeit wie nötig. Es möge ein lebendes Dokument sein! Und denken Sie daran: Es gibt keine ‚richtigen' Antworten auf diese Fragen, Sie müssen sie nur ehrlich beantworten. Worum es da geht? Um Leidenschaften, Kenntnisse, Sinn und Lebensziele. Allein das-zu-Papier-bringen hilft Orientierung zu bekommen."

Fazit:

Die Rolle von Senioren war in der Geschichte (Europas) recht unterschiedlich. Manche Kulturen ehrten die Alten, manchen waren sie nur lästig; sie hatten daher oft ein schweres Dasein. Dankbarkeit war auch damals keine Größenordnung. Heutzutage gelten die Alten ebenfalls eher als ein Hindernis, doch anders als früher gibt es schließlich eine Grundsicherung, die den Jungen die Verantwortung abgenommen hat. Was Altersarmut nicht verhindert, doch abfedert. Sogar Altersdiskriminierung ist nichts Neues, heute jedoch zunehmend aktuell. Der Übergang in den Ruhestand war wohl nie einfach, es ist dessen ungeachtet angeraten und obendrein möglich, sich der neuen Situation rechtzeitig zu stellen und sich darauf vorzubereiten.

Kapitel 2 - Kein Plan?!

Oder doch eher planlos? Ich zähle die Tage herunter und führe eine Strichliste. 796 Tage, und dann ‚Tschüss mit Ü'! Genug habe ich mich geplagt, der Chef hat mich auch dauernd ungerecht behandelt, keinen Tag bleib' ich länger. Die anderen sagen, ich soll bis dahin meine Arbeit ordentlich machen! Warum? Auch mir ist nichts geschenkt worden. Zwanzig Jahre habe ich mich abgerackert – na gut, ab und zu schon auch owizaht.[70] Und jetzt, jetzt geh' ich bald, morgen sind's nur noch drei Jahre, die Pension wartet! Nur noch faulenzen. Reisen werden wir, und im Liegestuhl herumlungern, nur nicht bewegen. In den Park gehen, oder ins Kaffeehaus, einfach ausruhen – weil wir haben es uns ja verdient... (vom Autor erdacht).

So ähnlich könnten die Gedanken eines Mitarbeiters sein, der schon in – wie meinte er – genau drei Jahren in Rente gehen wird. Unfreiwillig könnte es allerdings früher passieren.

> Da fällt mir Shakespeare ein, der da sagte: Du hättest nicht alt werden sollen, ehe Du klug geworden warst.

Es ist gewiss zu verstehen, dass der Arbeitgeber ihn kaum anflehen wird, zusätzlich ein wenig länger zu arbeiten, allenfalls auszuhelfen, wenn Bedarf gegeben ist – die Bitte wäre vermutlich umsonst. Was aber erwartet diesen zukünftigen Pensionisten?

Vorerst einmal vermutlich drei schwierige Jahre. Er zeigt, dass er ja kein überhöhtes Interesse am Job hat, daher wird er wahrscheinlich kaum mehr eine Fortbildung bekommen oder wollen, und er dürfte Informationen eher nicht weitergeben, sondern schubladisieren. Die Kollegen werden zunehmend seine Arbeit miterledigen müssen und damit seine (beruflichen) Sozialkontakte langsam einschlafen lassen. Gesünder dürfte er in dieser Zeit ebenso nimmer leben, denn seine sportlichen Aktivitäten erschöpfen sich scheinbar darin, seinen Liegestuhl zu erklimmen.

2.1 Use it or lose it

Längerfristig gesehen bedeutet Obiges ein trauriges Beispiel für raschen Verfall – beginnend spätestens mit dem Antritt des Ruhestandes. Nicht nur unsere Muskeln verkümmern, wenn wir sie wenig bewegen. Erinnern Sie sich noch daran, als Sie oder einer Ihrer Bekannten nach einem Knochenbruch einen Gipsverband bekamen? Kaum drei Wochen später, der Gips war wieder weg – die Muskeln detto, denn nicht gefordert verschüssen sie sich. Und genau dasselbe passiert mit unserem Hirn, wenn wir es nicht angemessen nutzen.

„Nichtstun lässt das Gehirn messbar schrumpfen. Das zeigen auch bestimmte Gehirnareale"[71], lerne ich von Fachleuten. Oder: „Vernachlässigt ein Mensch bestimmte Fähigkeiten, schrumpft die Repräsentation dieser Fähigkeiten im Kortex. Benutzt zum Beispiel ein Patient seine Hand wegen eines Gipsarmes weniger, verkleinert sich die Repräsentation im Gehirn und der Tastsinn."[72] Wir sehen somit, dass neben dem Nicht-Nützen des Gehirns die sparsame Verwendung der Muskeln ebenfalls zum Schrumpfen unseres Denkapparates führt. Man könnte sagen, es wird hohl. Die möglichen längerfristigen Folgen des Nicht-Benützens, des Nicht-Forderns bzw. deren Gefahr finden sich weiter hinten. Kleine Vorschau gefällig? – Bore-out, Suchtgefahr, Suizidgedanken…

Keinen Plan haben und einfach in Pension gehen, klingt nur auf den ersten Blick verlockend. Eine steigende Zahl an Untersuchungen belegt jedoch, dass das nicht lange ersprießlich ist. Wohl aber, dass längeres Arbeiten eher zu einem längeren Leben führt; zu einem glücklicheren allemal. Keineswegs vergessen dürfen wir aber, dass es ebenfalls Gegenpositionen dazu gibt. Nämlich Menschen, die ab Pensionsantritt vom „Malochen" nichts mehr hören wollen. Unsere Freundin Dru aus Sydney weiß von ihrer Damenrunde zu berichten:

Means to an end

As an older Australian who is still working very part time, I think it is a privilege that my employer (himself 82 years young) feels that I am still of value and that I can offer my experience of many years being in the workforce as an integral part of his company. This value to one's self esteem far outweighs any monetary benefit that may come from such employment.

However, my observations amongst friends and acquaintances do not always reflect that everyone feels this way. I know quite a few (particularly women) who are very glad to be retired as their employment really was a "means to an end" and not something they did by choice. There is a great difference between working for necessity and working because you enjoy it – to obtain a happy balance is a skill to be applauded. From experience, my opinion is that those who have been self-employed, whether it be white- or blue-collar work, are far more motivated to remain in the workforce for longer than those who have worked for a salary or wages.

When retirement is forced on an individual by either redundancy, age limit basis or any other situation, this can create a loss of self-worth and often causes the person to re-assess their value to the community. This is a sad situation to be in but is often the case when working for government or any public service entity.

Das ist natürlich zu akzeptieren, wenngleich der letzte Absatz eher deprimierend klingt.

2.2 Länger leben durch längeres Arbeiten?

„Arbeit macht langlebig – so scheint es zumindest"[73], liest sich ein Artikel der Oregon State University, und es zeigt sich: „US-Forscher haben herausgefunden, dass Menschen, die im Alter länger arbeiten, länger leben. Je später die Pensionierung, desto später starben die Studienteilnehmer. Jedes Jahr mehr an Arbeit senkte dabei das Risiko vorzeitig zu sterben um immerhin elf Prozent, wie die Forscher berichten. Das bestätige die Annahme, dass ein aktives Leben körperlich und geistig fit halte".

Ein Beispiel, andersrum: „Früh in Rente, früh ins Grab", betitelt Storbeck[74] plastisch seinen Beitrag, und: „Vorsicht vor dem Vorruhestand: Wer jung aus dem Arbeitsleben ausscheidet, stirbt oft früher. Ökonomen bestätigen damit die Formel ‚Wer rastet, der rostet'. Denn je früher sich ein Mensch zur Ruhe setzt, desto früher beginnt auch sein körperlicher und geistiger Verfall". Diese Überlegungen bezogen sich auf das Papier von Kuhn/Wuellrich/Zweimüller[75], „Fatal Attraction? Access to Early Retirement and Mortality", mit der Aussage, es gäbe (vorwiegend bei Männern) eine deutlich höhere Sterblichkeit bei Frühpensionierung sowie die Erkenntnis, dass ungesunde Lebens- und Verhaltensweisen, gepaart mit niedrigem Einkommen, die Ursache dafür sein können.

Abschließend eine letzte Forschungsarbeit aus diesem Gebiet: Nach dieser von Chenkai Wu und Robert Stawski[76] aus dem Jahr 2016 wäre längeres Arbeiten ein Faktor, der bei der Betrachtung von Gesundheit im Alter berücksichtigt werden muss. Sicher finden sich ebenso gegenteilige Studien, wie das in der Wissenschaft eben so ist, doch dass wir alle immer länger leben, wird wohl kaum bestritten.[77] Wir werden also immer älter, immer gesünder älter. Allerdings viele von uns nicht unbedingt zufriedener.

In Punkto Zufriedenheit, sogar Gelassenheit, gibt Jochen ein gutes Beispiel ab. Vormals als F1 Rennfahrer schneller unterwegs, als wir denken können, heute weltweit gern gesehener Gast auf allen Automobil-Veranstaltungen. Geruhsam wurde sein Dasein und weise ist er geworden. Zweiteres hört er ungern.

Egal wie man es dreht und wendet, jedes Leben ist und bleibt bis zum Ende eine Konfrontation, der man nicht entgeht. Konfrontationen haben ja was Gutes, sei es familiärer Art, die Kinder, die schon ganz lang keine mehr sind, die Frau, die möglicherweise in den reiferen Jahren etwas in sich entdeckt, was sie zum Träumen, oder zum Erwachen bringt, kurz, es ist ein spannender Lebensabschnitt, der uns bevorsteht.

Wundersame Begegnungen auf Flughäfen, du sitzt herum, trinkst Kaffee und siehst Leute, die du zwar kennst, aber Jahre nicht mehr gesehen hast. Keineswegs nur eine Person, sondern viele! So passiert in Milano, ich auf dem Weg nach Frankfurt, die anderen Richtung Rom, London, Nizza und wo auch immer hin. „Hallo Jochen, na wie gehts denn, du schaust ja recht ok aus!" – was mir zu denken gibt, fühle ich mich doch gut. Warum also nicht ein kleiner Smalltalk, bedingt durch Zeitdruck, und dann sind sie wieder weg. Ups, der nächste Bekannte kommt in Sicht. Und so wiederholt sich das, was ich mit einem frohen Gefühl empfinde. Wieso auf diesem Flughafen? Welch ein Zufall, sie alle hier en passant zu treffen. Immerhin, es gibt sie alle noch, was ich mit Genugtuung aufnehme. Und so kommts eben im Leben: Es ist schön, wenn man es so genießen kann, wenn man diese Menschen tatsächlich mag, das hat was Wertiges.

Für Jochen ist es spannend zu sehen, wie sich sein soziales Umfeld in späteren Jahren entfaltet, speziell seine Frau, wie wir gerade lernten. Die Pensionierung wird nämlich nicht nur für die jeweilige Person eine einschneidende Änderung mit sich bringen, sondern gleichfalls für deren Partner. Zumeist von denen, die in den Ruhestand gehen, im Vorfeld keinesfalls als Problem angesehen, entwickelt es sich jedoch beizeiten zu einem veritablen. Die Paare finden sich ab jetzt in neuen Situationen wieder, was die gemeinsame Zeit betrifft. Ihre Hobbys, ihr Sozialleben und sogar der Haushalt stehen bald auf der Probe.

Ältere Paare

Emotionaler Stress kann also vor der Tür stehen und damit der einigermaßen hintangehalten wird, ein paar Hinweise von einer Frau, die weiß, wie man damit umgehen kann: Emotions-Coach Sabine Linser schreibt darüber in ihrem Blog:[78]

Viele meiner Klienten klagen über Herausforderung in der Partnerschaft während der dritten Lebensphase. Die komplette Lebenssituation ändert sich und darauf sind die wenigsten vorbereitet. Der Sinn, die Herausforderung und Aufgaben fallen oftmals weg. Dabei ist es so wichtig, eine ausgewogene Beziehung zu führen, denn gute Beziehungen schützen unser Gehirn. Es bleibt länger klar und baut nicht so schnell ab. (...) Verbunden zu sein mit dem Partner, Freund und Familie fördert gesundes, glückliches und langes Leben. Es darf – auch nach vielen Ehejahren – noch mal in die Zweisamkeit investiert, gemeinsam Neues ausprobiert, weniger ferngeschaut und achtsam miteinander umgegangen werden. Soziale Interaktionen sind – gerade, wenn man älter wird – ganz wichtig für unsere Psyche und unsere Gesundheit.

Zitierbare Texte, in denen sich Männer zu diesem Thema äußern, konnte ich leider nicht ausfindig machen.

Bei uns ist das Pensions-Antrittsalter von Frau und Mann unterschiedlich. Gehen wir jedoch davon aus, dass beide Partner ungefähr gleich alt sind und bis zu ihrem Übergang in den Ruhestand arbeiten. Ihre Arbeit endet daher ein paar Jahre früher als seine, und sie richtet sich das Leben nach ihren Vorstellungen ein. Eventuell war sie ohnedies schon seit geraumer Zeit zu Hause und nur er ging arbeiten. Dann, eines Tages, geht der Herr Gemahl nicht zur Arbeit, sondern verlängert sein Frühstück bis zum Mittagessen. Der erste Tag „danach" ist gekommen.

Nun – wenn ein Paar bereits länger zusammenlebt, haben beide Partner bestimmte Strategien entwickelt, miteinander umzugehen. Die Machtkämpfe und Grundsatzdiskussionen, das ewige und offensichtlich leider unvermeidbare Aneinander-Vorbeireden liegen hinter ihnen, und dafür gibt es, sozusagen im Tausch, angepasste Rituale und Gewohnheiten. Meist erfolgreich, denn sonst wären die beiden nicht mehr zusammen. Wenn somit die „Erziehung" des Herrn „Göttergatten" abgeschlossen oder wegen dauernder Erfolglosigkeit doch irgendwann eingestellt worden ist, gibt es meist ein partnerschaftliches Sozialgefüge mit relativ festen Rollen. Dazu möge man mir eine etwas spitze Bemerkung erlauben:

> Es sind bekanntlich die Damen, die sich ihren (Ehe) Partner auswählen. So wie er ist, denn sonst hätten sie einem anderen Herrn den Vorzug gegeben. Dass wir Männer die Frauen aussuchen oder das zumindest glauben, ist nämlich nichts anderes als ein erfolgreicher Trick der Weiblichkeit, es so aussehen zu lassen. Somit sind wir auserwählt und bekommen den Preis: die Partnerschaft mit der Holden. So, wie wir nun mal

sind. Warum, frage ich mich, versuchen dann unsere besseren Hälften jahrelang, manchmal jahrzehntelang, uns umzuformen?

Egal, sagen wir, dieser Prozess liegt hinter den beiden und sie leben schon lange eine zufriedene Partnerschaft. Und jetzt kommt der Ruhestand und der über die Jahre eingeübte Tagesablauf gerät durcheinander. (Wenn es in der Folge so scheint, als ob nur der Mann zuvor arbeiten gegangen wäre, und er nun zu Hause bleibt, so geschah das der Einfachheit halber – das System kann problemlos auch andersrum gesehen werden.)

Er hat plötzlich viel Zeit. Hängt dauernd zu Hause herum und allmählich wird ihm langweilig. Als ehemaliger Manager war er es gewöhnt, Dinge anzuschaffen, seine Macherqualitäten zu nutzen, und er kann Abläufe im Haushalt, die ihm bisher kaum aufgefallen und die seiner Meinung nach suboptimal sind, kaum weiter so zulassen. Es kommt in der Küche zum Aufstand. Oder: Einst sind sich tolle Abende in noch tolleren Lokalen jede Woche ausgegangen, ebenso vier Mal im Jahr ein Traumurlaub, und die Kosten der beiden Haushalts-Fahrzeuge spielten keine Rolle. Jetzt wird's eng und manches geht finanziell nicht mehr. Früher hatte jeder der beiden einen durchgeplanten Tagesablauf mit relativ fixen Zeiten des Kommens und Gehens, dem jeweiligen Freiraum für ihr Sozialleben und/oder der Möglichkeit, Einkäufe in jeweils gänzlich anderem Rhythmus zu erledigen. Jetzt hat er kaum ein Sozialleben, dafür kann sie ihre Freundinnen nimmermehr treffen, wann sie will. Und zum Einkauf im Supermarkt kommt er dauernd mit. Weil er ja sonst nichts zu tun weiß.

Was passiert dann? Dann gibt es wohl Stunk

Das, was manchmal notwendig wird, könnte die „Neuorganisation des Rollengefüges"[79] sein, wie Buchebner-Ferstl ihre Forschung betitelt. Streng wissenschaftlich heißt es dort: „Es sollten insbesondere Erkenntnisse darüber erlangt werden, wie die Partner die spezifischen Veränderungen, die im Zusammenhang mit der Pensionierung stehen, wahrnehmen und bewerten und welche individuellen und gemeinsamen Bewältigungsstrategien sie anwenden, um den Veränderungen zu begegnen."

Auf Deutsch: Die Wissenschaftlerin hat die Rollen der jeweiligen Partner untersucht und sie in drei Kategorien unterteilt: die Partnerrolle, die Rolle als erwerbstätige Person und die eigene Rolle. Alle drei verändern sich durch den Pensionsantritt eines Partners; ebenfalls, sofern beide zugleich in die Rente gehen. Das Ergebnis ihrer Studien? Beide bekommen teilweise neue Rollen, teilweise ändern sie sich und teilweise fallen welche weg. Die bis dato bewusst oder unbewusst angewandten Strategien, die ein stabiles Rollengefüge herstellten, müssen angepasst werden. Manchmal unkompliziert, manchmal schmerzhaft.

Ein Paar, bei dem es ebenfalls einige Zeit gedauert hat, bis sie aneinander gewöhnt waren, sind Dru und Ian, ein älteres Ehepaar aus Australien. Dru haben wir früher bereits kennengelernt.

Retirement for a man can be either good or bad but is necessarily, often a difficult time. For the many years the man has been working, he has been away from home for the majority of the day (and sometimes part of the evening also) – this is particularly true for those in self-employment. However, during this time, it has been usual for the wife to create a life for herself – often involved in many of the children's activities – either working part time, being involved in sporting activities, meeting friends etc. and generally running the household – all to the benefit of the couple as a whole. The man has also been "top dog" in his business, so has been used to receiving respect and conformity from his underlings. So, unless he has carved out some sort of a social life of his own, in retirement to expect his wife to suddenly be the replacement for his work colleagues seems unreasonable.

Auch dieses Paar musste also den Übergang bewältigen. Dazu fällt mir noch ein: Es gibt verpflichtende oder gesellschaftlich erforderliche Vorbereitung(-skurse) für die Erstkommunion, für die Firmung, die Ehe, das Kinderkriegen und/oder den Jobantritt, und sogar Workshops für die Zeit nach dem letzten „work day". Schauen Sie doch bei Google vorbei und stöbern Sie ein bisschen![80]

> Wir könnten uns aber auch an Coco Chanel halten, die da meinte: Alter schützt vor Liebe nicht, aber Liebe vor dem Alter!

Nett und durchaus hilfreich finde ich auch den Hinweis der berühmten Therapeutin Virginia Satir.[81] Sie sagte einmal: „Wir brauchen 4 Umarmungen pro Tag zum Überleben, 8 Umarmungen pro Tag, um uns gut zu fühlen, und 12 Umarmungen pro Tag zum innerlichen Wachsen." Alle zwölf schaffe ich selten. Ich übe noch, allerdings komme ich schon nahe dran. Wenn aber Paare Virginias Rat nicht hörten oder ernst nahmen und die Kurve nicht mehr kriegen, ist eine Trennung oft die beste Variante, bevor die beiden sich zu hassen beginnen.

2.3 Scheidung – oder: Wenn du durch die Hölle gehst, geh weiter[82]

Weder ist die Hölle ein angenehmer Ort noch das, was danach kommt, und beide sind eher weniger anzustreben. Sofern es gar nicht mehr anders geht, wenn die Ehe so zerrüttet ist, dass weder Kitt noch Eheberater helfen, dann sollte man wohl die Trennung vorbereiten.

Fast jede siebente Ehescheidung erfolgte nach mehr als 25 Jahren des Zusammenseins, folglich nach der Silberhochzeit, weiß die Statistik Austria, darunter waren einige Paare, die sich erst nach der Goldenen Hochzeit scheiden ließen.[83] In Deutschland trennten sich nach mehr als 26 Jahren Ehe sogar über 15%.[84] Das heißt demnach, jede sechste Ehe geht in späten Jahren schief! Und nach den Schlüssen der Schweizer Statistik, die mit ähnlichen Zahlen aufwarten kann, ist das „Scheidungsrisiko bei den Jüngeren ab-, bei den Älteren zunehmend. Die Altersstruktur der frisch Geschiedenen hat sich in den letzten Jahrzehnten deutlich verändert: 1991 stellten die 25- bis 39-Jährigen bei beiden Geschlechtern die größte Altersgruppe, 2018 waren die 40- bis 54-Jährigen am zahlreichsten (…) Der Anteil der frisch Geschiedenen im mittleren Alter hat sich also deutlich erhöht".[85]

Was mag der Grund für die doch überraschend hohe Zahl an späten Scheidungen sein? Deren gibt es zweifellos einige, hier ein paar davon: Die viele Zeit, die Paare im Ruhestand miteinander verbringen, die oft unterschiedlich(st)en Lebensführungen, die durch Job, Kinder und Familie geprägt waren. Finanzielle Abhängigkeit, die in früheren Jahren eine oft dominierende Rolle gespielt hat. Endlich frei sein wollen, all das nachzuholen, was man versäumt glaubt. Gemeinsamkeiten, die nicht ganz so groß sind, wie jahrelang vorgetäuscht wurde.

Beendete Brutpflege oder sogar ein neuer Partner am Horizont – vielleicht ist ein dritter Frühling erwünscht? Drohende Pflege des Partners, Dauerkrisen, die endlich einer Lösung harren, und vieles mehr können eine Trennung nötig machen.

War eine Ehe früher, das heißt so in den 1970er, 1980er Jahren, noch eine viel pragmatischere Entscheidung – die soziale Absicherung und der ökonomische Schutz hatten neben der Liebe einen besonders hohen Stellenwert – zeigen uns jetzt die Jungen, dass das nicht mehr so wichtig ist. Beziehungen werden ohnedies mehr zum ambulanten Vergnügen, denn ihnen geht es heute vermehrt um weniger Verantwortung, um Selbstverwirklichung oder um ihre Freiheit; was jedoch erst durch relativ große finanzielle Unabhängigkeit, selbst der Jugend, erreicht werden konnte. Und Selbiges wird offensichtlich für die ältere Generation ebenfalls zunehmend zum Wunschprogramm.

Freilich, wenn die Ehe „nur wegen der Kinder" aufrechterhalten wurde, angesichts eines drohenden finanziellen Absturzes oder auch vielleicht, weil (früher) das gesellschaftliche Umfeld es von zumindest einem Partner verlangt hatte, so sollen Ehen, wenn sie lange (notdürftig) gehalten haben, wohl kaum weiterbestehen. Denn heute ist es wesentlich leichter geworden, die Beziehung zu beenden, sozialen Druck dagegen gibt es kaum noch. Eine unkomplizierte Trennung gibt's vermutlich nur, wenn nicht allzu große Streitpunkte existieren. Es keine befreundeten „Einflüsterer" gibt, die aus dem Hinterhalt drängen, dass ihr Freund, oder absichtlich: ihre Freundin, monetär ja besonders gut aussteigt – unter dem Motto: „Das soll er/sie mir büßen." Am einfachsten ist es überhaupt, wenn die Paare sich tunlichst respektvoll mit einer Scheidung beschäftigen und gemeinsam – möglichst ohne Anwalt – die notwendigen gerichtlichen Handlungen setzen.

Ja, ich weiß, dass eine Zerrüttung kaum emotionslos abgehen kann, dass die aufgestauten Verletzungen „endlich" raus müssen, der lang überlegte Schritt allzu drängend geworden ist, sodass sofort eine Lösung her muss! Wenn sich die Ehepartner allerdings die drohenden Folgen, die irreversiblen Schäden vor Augen halten, könnte doch die Einsicht überwiegen und ein Time-out oder zeitweises Dislozieren eines Partners Schlimmeres verhindern. Gewiss in Betracht ziehen sollte man, dass ein Verfahren, wenn es erst einmal losgegangen ist, selten auf halber Strecke gestoppt wird.

Und irgendwann wird's teuer

Eine späte Scheidung hat stets, neben den emotionalen und sonst üblichen Folgen für die Menschen und ihr Umfeld, weitere Konsequenzen, die besonders schwer wiegen. Zu den bedeutsamsten zählen allemal die finanziellen. Erfolgt nämlich eine Trennung in jungen Jahren, so vermögen sich beide relativ leicht ein neues Leben aufzubauen. Gefährten im passenden Alter sind leichter zu finden, die ökonomischen Gegebenheiten meist noch überschaubarer und die Zukunft ist zu bewältigen. Werden zwei ältere Menschen geschieden, so leben sie allenfalls von nur einer Rente, denn oft war bloß einer von ihnen der Verdienende, der andere kümmert(e) sich über Jahrzehnte hinweg um den Haushalt und die Kinder. Somit gibt es häufiger nur einen gemeinsamen Pensionsanspruch, der allerdings kaum ausreicht, zukünftig für zwei Haushalte aufzukommen. Vielfach wurde über die Jahre hinweg gemeinsam ein gewisses Vermögen gebildet, z.B. in Form eines Hauses. Wenn dieses nun den einzigen aufzuteilenden Wert darstellt, kann eine Teilung zum Drama werden. Denn ein Partner kann in der Regel die Ablöse für die andere Hälfte nicht aufbringen, und der Streit darüber könnte dazu führen, dass es danach einen neuen Hausbesitzer gibt – nämlich einen der Anwälte. Sofern die Liegenschaft schlussendlich verkauft oder versteigert wurde, reicht der Erlös selten aus, um damit zwei Wohnversorgungen zu gewährleisten.

Ein anderes Problem ist die drohende mangelnde Liquidität, die allzu oft unterschätzt wird. Bis die Scheidung erledigt und ein allenfalls vorhandenes Vermögen aufgeteilt sind, kann oft viel Zeit vergehen. Bis dahin sind jedoch die Lebenshaltungskosten beider zu bestreiten. Und wenn ein Partner dann keinen Zugang zu Geld hat, wird es kritisch.

Soziale Armut droht gleichfalls, denn meist haben die Eheleute über die Jahre hinweg einen gemeinsamen Freundeskreis aufgebaut. Männer deutlich öfter in ihrem Arbeitsumfeld, Frauen hingegen in einem viel weiteren Radius. Nach dem Lebewohl werden die Kontakte erfahrungsgemäß geteilt, und für den Mann bleibt weniger übrig. Angehörige schlagen sich nach einer Trennung überwiegend auf die Seite ihres Verwandten, was zur Folge hat, dass fürderhin diese Verbindungen für den anderen konfliktbeladen sein können.

Nicht zu unterschätzen ist, dass es den eigenen Nachwuchs genauso betrifft. Denn Kinder bleiben ewig Kinder, egal wie alt sie sind. Für sie ist die Trennung ihrer Eltern ebenfalls ein schwerwiegendes Ereignis. Vermutlich hilft da nur frühes Einbinden des Nachwuchses, ohne ihn jedoch einzuspannen. Was bei späten Scheidungen durchaus leichter sein könnte als bei kleinen Sprösslingen oder Halbwüchsigen.

Inzwischen haben neben den Anwälten auch andere den Markt für eheliche Trennung im höheren Alter entdeckt: Workshops, Coachings und Seminare schwappten vom Scheidungs-Paradies USA zu uns herüber, teilweise tragen sie ihre toll klingenden englischen Titel selbst bei uns. Laut den Soziologinnen

Susan Brown und I-Fen Lin hat sich eine Welle auf den Weg gemacht, die da heißt: „The Gray Divorce Revolution". Es gibt beispielsweise ein Seminar mit dem Titel: „Divorce and children: consequences – perspectives – progress"; der Kurs fand 2019 während der Summer School of Sociology an der Uni Wien statt. Somit könnte der Satz: „Ich gehe heute auf die Uni" eine gänzlich neue Bedeutung gewinnen…

Eine Beratung kann in jedem Fall hilfreich sein, allein wenn sie dazu führt, dass die Paare sich in anderer Umgebung und in Begleitung von Fachleuten eher das sagen können, was zu Hause nicht möglich scheint. Daher darf ich dieses Unterkapitel mit fremden Worten schließen, nämlich einem Expertentipp vom Portal scheidung.de:[86] „Trennung oder Scheidung im Alter ist heute keine Seltenheit mehr und niemand sollte eine Ehe über Jahrzehnte fortführen, in der er sich nicht mehr wohlfühlt und in der er nicht glücklich sein kann. Dennoch schadet es kaum, vor der Trennung eine Eheberatung wahrzunehmen, um Alternativen zur Scheidung zu erkunden."

Fazit:
Keinen Plan zu haben ist legitim und per se nichts Schlechtes. Viele Menschen wollen gar keinen und agieren halt, wenn es brennt. Das bedeutet aber, dass man im Vorfeld weniger Möglichkeiten hat, die eigene Zukunft zu gestalten. Mitzuwirken statt Antworten zu suchen, wenn es notwendig wird. Das zukünftige Leben als Senior, mit oder ohne entsprechende Pension, bringt jedoch viele Änderungen mit sich, mit denen später umzugehen ist. Selbst wenn sich der Einzelne dazu in der Lage sieht, so ist es für die Umgebung, zum Beispiel für einen Arbeitgeber, meist nicht möglich zu reagieren. Ganz wichtig dabei ist, wie die Betroffenen mit ihren Partnern und mit der neuen finanziellen Situation zurechtkommen, wobei beides oft miteinander verknüpft ist.

Und somit beende ich das Kapitel „Ich habe keinen Plan". Ausdrücklich möchte ich darauf hinweisen, dass nicht alles eintreten muss, was ich oben teils düster zeichnete. Gott bewahre! Nur – es kann durch fehlende Vorbereitung wahrscheinlicher werden. Und dann gibt's Stress. Was der Gesundheit ebenfalls nicht guttut.

2.4 Gesundheit und Krankheit

„Mit jedem Tag steigt die Lebenserwartung der Menschen"[87], lese ich bei der Hannover Versicherung, und zwar „(...) um bis zu 6 Stunden täglich, Tendenz steigend und bei diesem Trend des langen Lebens ist kein Ende in Sicht." (Mit der Einschränkung, dass traurige Finanzen und/oder Partnerschaften die Lebensdauer mächtig zu beeinflussen vermögen.) Warum wir ständig älter werden? Dazu tragen verschiedene Aspekte bei: Zum einen unsere Gene, die in der richtigen Konstellation ein besonders hohes Lebensalter bedingen können. Aber auch andere – beinflussbare – Faktoren tragen entscheidend zum Älterwerden bei. Positiv wirken beispielsweise der medizinische Fortschritt, die humaneren Arbeitsbedingungen, eine gesündere Ernährung und Lebensweise, bessere Wohn- und Hygieneversorgung, ein engmaschiges soziales Netz und manch anderes.

Auf der Seite des deutschen Bundesministeriums für Forschung[88] lesen wir: „Mit dem Alter steigt das Risiko, zu erkranken" und ferner: „Mehrfacherkrankungen sind zudem die Regel". Ursachen dafür sind beispielsweise: Genetik, Verschleiß, Ernährung, Bewegungsmangel, Unfälle usw. Dies gilt vornehmlich, doch nicht ausschließlich für die körperliche Gesundheit; für den geistigen und psychischen Zustand sind noch Einflüsse wie Suchtverhalten, belastende Ereignisse, Familie, gesellschaftliches Umfeld, Freiheit, Partnerschaft etc. maßgeblich.

Gesundheit sei jedenfalls kein eindeutig definierbarer Begriff, meinen Franzkowiak/Hurrelmann[89], sie sei schwer zu fassen und zu beschreiben. Gesundheitsvorstellungen seien soziale Konstruktionen; Gesundheit würde (wie Krankheit) gleichfalls sozial produziert.

Zudem, und das bezieht sich nicht auf die gerade genannten Autoren, bedeuten diese beiden Zustände vielmehr Extrempositionen; unsere tagtäglichen Befindlichkeiten können auf der einen oder der anderen Seite angesiedelt sein[90], lernen wir über personalisierte Medizin. So ist es in der DigiTech-Szene durchaus üblich zu „messen": Heute bist du zu 86 % gesund; iss heute einen Apfel und dann sind es morgen wieder 88 %. Womit wir bei unserem Essverhalten wären.

Ernährung

„Eine gesunde und ausgewogene Ernährung ist in jeder Lebensphase wichtig und kann die Gesundheit positiv beeinflussen. Besonders im Alter haben Mahlzeiten eine hohe soziale Bedeutung, da sie dem Tag Struktur geben und für Genuss, Freude und Gemeinschaftlichkeit sorgen", lesen wir auf gesundheit.gv.at[91] und weiter: „Zudem kann bei älteren Menschen eine angemessene und bedarfsdeckende Ernährung die Anfälligkeit für Krankheiten vermindern. Allerdings kommt es im Alter zu vielen Veränderungen im Körper, die eine ausreichende Versorgung mit verschiedenen Nährstoffen erschweren und die Freude am Essen trüben können." Es ist demnach wichtig, das Richtige in angemessener Menge und, wenn es irgendwie geht, auch in Gesellschaft zu sich zu nehmen.

Es gibt Studien, so die Agentur AGES,[92] die zeigen, dass „in allen europäischen Ländern gerade ältere Menschen häufig von Mangel- und Fehlernährungen betroffen sind. Diese Mangelzustände erhöhen in weiterer Folge die Anfälligkeit für sekundäre Erkrankungen, z. B. kognitive Defizite oder vermehrte Infektionsraten." Nahrung (und oft besonders deren Gegenteil) stellen einen maßgeblichen Teil der Gesprächsstoffe von Betagten dar. Kaum sitzen sie sich im Kaffeehaus gegenüber, tauschen sie sich dementsprechend aus – und lernen von den Genüssen sowie vom Ungemach des jeweils anderen. Es ist also ein Thema. Wenngleich unsere Gewohnheiten oft stärker sind als unser Verstand, der uns öfters darauf hinweist, dass gewohnte Ernährungsweisen nicht immer die gesündesten sind. So nach diesem Motto, gefunden bei Eigenerweg:[93] Wenn dir jemand sagt, du sollst nicht so viel essen, dann sprich nicht mehr mit ihm. Du brauchst diese Sorte von Negativität nicht in deinem Leben.[94]

Einen wunderbaren und umfassenden Überblick, was Gesundheit, Alter sowie die Verpflegung betrifft, bietet die entsprechende Seite des Robert Koch-Instituts – eine lohnende Lektüre.[95]

Wenn wir somit in späten Jahren noch fröhlich und leistungsfähig sein wollen, müssen wir der Ernährung zunehmend mehr Bedeutung beimessen. Gedanken machen sollten wir uns überdies über unsere körperliche Fitness.

Sport und Bewegung

Was den Sport betrifft, so können Sie es mit Winston Churchill[96] halten: No sports – ein angeblicher Ausspruch gegenüber einem Sportreporter auf die Frage, wie er mit so viel Whisky, Zigarren und Champagner so alt werden konnte. Vermutlich war das ironisch gemeint, denn Churchill lebte in jungen Jahren überaus sportlich, er hat Polo gespielt, ist viel geritten, brillierte als Schütze und Fechter. Dennoch – das Bonmot hielt sich hartnäckig. Oder aber, Sie trainieren Ihren Körper auf unterschiedlichen Niveaus, vom Treppensteigen bis zum Erklimmen des Mount

Everest. Nur eines sollten Sie nicht: Vom Ersten ansatzlos zum Zweiten wechseln...

Squash ist eine Sauna, in der man viel rennen muss[97]

Man muss als Ruheständler keinen Marathon laufen – schon gar nicht, wenn's das erste Mal wäre. Aber man kann. Erstaunlich viele Menschen tun es. „Fit wie Turnschuh", heißt's beim Treppenlift-Ratgeber[98], und weiter: „Sport tut der Gesundheit gut. Das ist nicht (…) eine Redensart, sondern mehrfach wissenschaftlich bestätigt. Bewegung kann demnach bei einigen körperlichen Defiziten nicht nur Abhilfe schaffen, sondern obendrein vorbeugen. Das richtige Maß an Bewegung schützt das Herz und die Gefäße, stärkt die Muskulatur, außerdem beugt's beispielsweise der Osteoporose vor. Mit steigendem Alter mag die Fitness und die Gesundheit deutlich nachlassen, doch mit zielgerichtetem Sport für Senioren wirken Sie dem entgegen".

Dem habe ich wenig hinzuzufügen. Außer vielleicht eine Geschichte von Michael, der sich zu „Hasta-la-Vista-Baby-Arnolds" Freunden zählen darf, darüber hinaus ist er mitverantwortlich für die Fitness von Tennis-As Dominic Thiem.

It's never too late to feel great

In den 1990ern, die Seniorenolympiade in Los Angeles. Eingeladen von Arnold Schwarzenegger waren Alfred Gerstl, zwei befreundete Journalisten und ich, als Beobachter bei den Olympischen Spielen der Senioren dabei. Im Zuge der Wettkämpfe sollte ich auch amerikanische Wissenschaftler treffen, die uns mit den „latest news" betreffend Leistungsfähigkeit im Alter versorgen würden. Viele US-Heroes, Schauspieler, Olympiasieger sowie Weltmeister nahmen an der Eröffnungszeremonie teil, so richtig Pomp vom Feinsten.

Einen Blinden werde ich nie vergessen. Er kam als 99-Jähriger zum Rednerpult, weil er im Diskuswerfen antreten würde. Seine Körperhaltung war aufrecht, sein Schritt fest, seine Stimme laut und kräftig: „It's never too late to feel great", rief er der Menge zu. Mir rieselte es kalt vor Begeisterung den Rücken runter... Wie viele jüngere Menschen gibt es doch, denen es gutgeht, die diese Lebensfreude und positive Energie nicht aufbringen. Der Mann aber hatte erkannt, dass man auch einen alternden Körper fit halten kann um das, was das Leben zu bieten hat, in vollen Zügen zu genießen.

Die Senioren-Athleten und Athletinnen sprinteten die 100 Meter, sprangen hoch wie weit, schwammen, spielten Fußball, Tennis nebst Badminton und beteiligten sich an Radfahr- und Golfbewerben. Es war verblüffend – es gab kaum Verletzungen, obwohl 36 der Wettkämpfer den 80ten hinter sich hatten.

Und nun, nach so viel Bewegung außer Atem, kommen wir zum unlustigen Gegenteil von Gesundheit, nämlich der Krankheit. Speziell jenen Einschränkungen, die ältere Menschen noch eher (be)treffen als jüngere. Der Begriff „Krankheit" ist uns allen geläufig, wenngleich das ein weites Feld der oft sehr persönlichen Interpretation ist; einigen wir uns doch darauf, dass er die verminderte Leistungsfähigkeit von uns Menschen meint, die von Funktionsstörungen der Organe oder der Psyche ausgeht.

Der körperliche Verfall

Alt werden ist nicht lustig. Wie ich zu dieser weltbewegenden, zu so einer neuen Aussage komme? Jeden Tag in der Früh, und es wird immer früher, überlege ich mir als Erstes, wenn ich an der Bettkante sitze: Was tut mir heute weh? Etwas Neues? Nein, Gott sei Dank. Das, was gestern und vorgestern schmerzte, reicht. Oder: Oje, da zwickt was, was vorher noch nicht gezwickt hat. Schaumermal, was draus wird.

Und so beschäftigen mich, wie wohl alle Älterwerdenden, zunehmend meine Einschränkungen, statt dass ich neue Fähigkeiten entdecke. Doch – das gibt es ebenfalls: Die Neigung, nicht alles so ernst zu nehmen, beispielsweise die Freude an der Gelassenheit oder auch das Talent zu vergessen. In diesem Sinn erlauben Sie mir fortzusetzen, bevor ich vergesse, was ich sagen wollte.

> „Alt werden ist natürlich kein reines Vergnügen. Aber denken wir an die einzige Alternative."
> Robert Lembke[99], Fernsehmoderator.

Wenn das Alter Einkehr hält und wir uns im Ruhestand oder Ruhemodus befinden, kann das für manche Zeitgenossen heißen: Mehr Zeit für Kaffeehaus-Besuche, um Freunde zu treffen, kiloweise Chips beim Fernsehen genießen, ausgedehnte Bierrunden – schließlich muss am nächsten Morgen ja nicht aufgestanden werden. Adipositas (vulgo Hüftgold[100]) droht in der Folge und/oder Bluthochdruck, Schlaganfall und Diabetes, um nur die Wichtigsten zu nennen. Dann geht's ab zum Arzt – die Stunden im Wartezimmer sind ohnedies ein weiterer Höhepunkt des Tages.

Der geistige Verfall

Nach mehreren übereinstimmenden wissenschaftlichen Arbeiten können wir gegen den intellektuellen Verfall im Alter wenig tun. „Das jedenfalls ist das ernüchternde Ergebnis dreier Übersichtsarbeiten, die jetzt im Fachblatt Annals of Internal Medicine erschienen sind. Den Studien zufolge lässt sich die Entstehung einer leichten kognitiven Beeinträchtigung (Mild Cognitive Impairment, kurz MCI) bzw. einer Alzheimer-Demenz weder durch sportliche Betätigung noch durch Nahrungsergänzungsmittel oder Medikamente nachweislich verhindern."[101] Daneben: „Die Verringerung der Neubildung von Hirnzellen, mit zeitgleicher Beschleunigung des Absterbens von Gehirnzellen sei die unausweichliche Konsequenz, meint die Brain-Training-App Neuralton."[102]

Auch wenn der Verfall sich nicht abwenden lässt, so könnte dessen Geschwindigkeit beeinflussbar sein – was später mehr Lebensqualität bedeutet. „Wer im Alter geistig aktiv ist", liest man in der Ärztezeitung,[103] „bekommt seltener eine Demenz. Offenbar scheinen geforderte Hirnzellen tatsächlich den geistigen Abbau zu bremsen und nicht nur umgekehrt, die Demenz die geistige Aktivität." Was eine gewisse Hoffnung sein könnte ist, dass an Mäusen nachgewiesen wurde, das unvermeidliche Altern könne doch reversiert werden. Nur halt bei den kleinen Nagern, was einen Rückschluss auf uns Menschen bloß bedingt zulässt. Deutschlandfunk zitiert eine Studie der Neurologin Andreasson[104] der Stanford Universität: „Katrin Andreasson und ihr Team blockierten in Mäusen einen Signalweg für das Hormon Prostaglandin E2. Es spielt bei Entzündungen eine Schlüsselrolle. Indem sie dieses Hormon stoppten, konnten die Forschenden Entzündungen verhindern und natürliche Alterungsprozesse umkehren."[105] Ob wir indes darauf warten sollen, dass uns die Medizin beisteht, die intellektuelle Zerstörung aufzuhalten, bezweifle ich. Was wir dessen ungeachtet zu tun vermögen, ist unser Hirn zu beschäftigen – was nachweislich hilft.

Ein bekannter Faktor ist der Zusammenhang von Stress und Verfall. Was die körperliche Seite betrifft, wissen wir, dass eine dauernde Überlastung das Immunsystem schädigt, Herz- bzw. Kreislauferkrankungen auslösen kann und zusätzlich Schlaganfälle.[106]

Stress als Verfallsbeschleuniger

„Dauerhafter und belastend erlebter Stress", schreibt meine-gesundheit-de, „schadet auch der Seele." Beispiele für psychische

Erkrankungen durch Stress und durch Stress begünstigte Erkrankungen sind: Burn-out, Angststörungen, Depressionen. Bei ERGO lernen wir: „Dauerstress macht sich überall im Körper bemerkbar. Besonders im Gehirn entstehen dabei nachhaltige Folgen. In einer kurzen Stresssituation erhöht sich die Leistungsfähigkeit des Gehirns. Doch bei langanhaltendem Stress wird es auf Dauer überlastet (...) so schrumpft die Gehirnmasse und die Verästelungen des Gehirns nehmen ab".[107]

Aber was ist Stress?

Die Wissenschaft kennt heute den positiven Stress[108], der eher inspirierend wirkt, somit fördernd. Man spricht vom Eustress, also einer Situation, die euphorisch macht.[109] Hier gilt es, anstehende Aufgaben zu bewältigen, Höchstleistungen zu erbringen oder maximale Konzentration beim Lösen von Herausforderungen. Eustress beflügelt uns buchstäblich, zumal wir ihn nicht als nervigen Umstand wahrnehmen. Ein weiterer wesentlicher Unterschied zum schädigenden Stress ist, dass diese Anspannung einen zeitlichen Horizont aufweist – demnach ein abzusehender Schluss eintritt.

Der negative Stress (im Englischen: dysstress) erzeugt massive körperliche, vor allem aber psychische Störungen. Beispielhafte Gründe: finanzielle Sorgen, familiäre Umstände, Streit, ungelöste Konflikte, Konkurrenzdruck, fehlende Anerkennung, Besorgtheit aller Art – gepaart mit keinem absehbaren Ende. Und die können (nicht nur, allerdings auch) bei älteren Personen beispielsweise zu Burn-out, Sucht oder Depression führen. Davon später mehr.

Die Literatur weiß, dass vor allem Menschen zwischen 30 und 50, wenn es um „das tägliche Überleben" geht, oft im Dauerstress sind. „Life is stressful for middle-aged people dealing with kids, work, aging parents, and the constant pull to stay connected"[110], heißt es auf stress.org. Arbeit, Kinder, Ehepartner – alles möchte unter einen Hut gebracht werden. Leasing-/Bankraten sind zu begleichen und überdies will man dem Umfeld zeigen, dass man alles, was die moderne Welt so von uns fordert, noch vor dem Frühstück locker „mit links" schafft! Nicht alle halten das aus. Ich beispielsweise.

Das Leben ist schön

„Sie haben Krebs", sagte der Urologe, den ich beauftragt hatte, eine zweite Diagnose zu erstellen.[111] *„Stellen Sie sich darauf ein, dass (…)", – den Rest hörte ich nicht mehr. Das war einer der Momente, höchstwahrscheinlich sogar DER Moment im Leben, den man sich so gar nicht wünscht. Kurz zuvor 45 Jahre alt geworden, stand ich so richtig „im Saft" als Unternehmer, und schenkte mir selbst kaum Aufmerksamkeit. Als Techniker versuchte ich daher, möglichst viel über meine Krankheit zu lernen. Ich schrieb eine Liste mit schätzungsweise 15 Fragen und suchte fünf verschiedene Ärzte auf. Dies waren ein Chirurg, ein Homöopath, ein praktischer Arzt, ein weiterer Urologe, schlussendlich ein Hals-Nasen-Ohren-Spezialist. Letzterer sozusagen vom gegensätzlichen Ende der Medizin, körperlich gesehen. Die meisten Konsultationen scheinen nicht bemerkenswert genug, um darüber zu berichten, sehr wohl hingegen jene beim HNO-Arzt, der mir wegen seines ganzheitlichen Ansatzes empfohlen worden war.*

Ich ging also in seine Ordination, kam an die Reihe und erzählte was mir fehlte. Stumm erhob er sich, schritt in sein Wartezimmer, und fragte die anderen Patienten: „Hat irgendjemand von Ihnen einen Notfall, etwas Unaufschiebbares?" – „Nein? Dann kommen Sie bitte morgen wieder, ich stehe heute leider nicht mehr zur Verfügung." Zurückgekehrt, setzte er sich mir direkt gegenüber und sagte: „Sie haben jetzt zwei Stunden Zeit, mir Ihre Situation zu er-

*klären. Anschließend sage ich Ihnen, was ich mir dazu denke."
Zwei lange Stunden – doch waren sie im Nu vorbei. Ich erzählte ihm meine Lebensgeschichte, meine Ängste, meine Sorgen, teilweise unter Tränen, teilweise stumm. Als ich fertig war, gab er mir sein Resümee: „Es liegt auf der Hand, woran Sie kranken, ebenso warum. Stellen Sie sich Ihr Dasein vor wie einen Topf: In den schütten Sie täglich Dinge wie ungesundes Essen, üble Gedanken, schlechte Luft, Stress, zu wenig Schlaf, Sorgen usw. hinein. Wie senkrechte Jahresringe füllen die Einflüsse das Gefäß, irgendwann ist es voll. Dann rinnt oben was heraus, egal ob's der Stress wäre, die Ernährung, das Rauchen oder die mangelnde Erholung. Alles zusammen wird einfach zu viel. Den einen trifft der Herzinfarkt und er ist womöglich gleich tot, den anderen ein Krebsleiden. Sie haben Glück, denn Sie können sich operieren lassen, mit einer guten Chance wieder geheilt zu werden".*

So passierte es. Jetzt mehr als zwanzig Jahre später, bin ich gesund, nur habe ich einiges in meinem Leben umgestellt. Und bin sowohl dem Teufel dankbar, dass er mich nicht wollte, sowie dem Herrgott, dass ich noch da sein darf. Letztendlich war das der Anfang meines zweiten Lebens. Was ich im Ersten so getan hatte? Alles. Ich habe kaum was ausgelassen, habe jeden Fehler gemacht, und im Zweiten freue ich mich schon jetzt auf all die weiteren.

> Denn wie sagte William Somerset Maugham?[112] „Im Alter bereut man vor allem die Sünden, die man nicht begangen hat."

Einige Abschnitte dieses Kapitels sind Selbstzitate, sie wurden unter anderem in meinem Buch „Ich muss fast nichts und darf fast alles" (Anton Pustet Verlag, 2021) veröffentlicht. Zu finden ebenfalls unter: „beschwingt altern".

Stress ist, wenn sich ein Elefant auf deine Brust gesetzt hat[113]

Auch (manche) Senioren können von Überbelastung befallen werden, hinterrücks sozusagen. Gibt's nicht? Die haben ja keinen Stress? Und was für einen! Kennen Sie einen Pensionisten, der Zeit hat? Mir ist keiner bekannt. Alle sind hyperaktiv, zugeplant für die nächsten Wochen und ständig auf Achse.

Die Autoren Bernadetta/Fischer sehen das so: „Wer heute in den Ruhestand wechselt, ist in der Regel rüstig, geistig fit und [manchmal] finanziell gut gepolstert. Zunächst spannen die meisten aus. Doch die Frage nach einer sinnvollen Aufgabe stellt sich bald. Einfach zurücklehnen und dem Lebensabend melancholisch, aber gelassen entgegentreten ist nicht mehr drin. Viele Rentner sehen sich mit Ansprüchen konfrontiert. Wer nicht mindestens einmal um die Welt reist, sechs bis sieben Enkel hütet, regelmäßig Hanteln stemmt und nebenher noch Mandarin lernt, muss sich bohrende Fragen nach der Lebensgestaltung gefallen lassen."[114] Bei provita lesen wir:[115] „Langeweile und Einsamkeit sind die am stärksten zunehmenden Probleme älterer Menschen. Die Kinder sind längst aus dem Haus und wohnen mit den Enkeln weit weg, der Ehepartner ist verstorben. Dazu kommen Krankheiten. Die Mobilität ist eingeschränkt. Oft sind es nur Minuten, in denen der Kontakt mit der Außenwelt stattfindet: der Postbote, die Nachbarin, ein seltener Telefonanruf."

Langeweile

Dr. John Eastwood[116] definiert sie so: „Langeweile ist das unangenehme Gefühl, eine zufriedenstellende Aktivität ausführen zu wollen, aber nicht zu können."[117] Warum auch immer. Mangelnde Gelegenheit etwa oder fehlender Impuls. Denn ein Buch lesen oder spazierengehen, dürfte fast jederzeit möglich sein. Allein das Hirn verweigert.

Was dagegen hilft? Bei der pflegebörse.at lerne ich: „Senioren sollten darauf achten, ihren Alltag aktiv zu gestalten. Eine gute Strukturierung des Tages ist dafür sehr hilfreich. Planung vorab, Regelmäßigkeit und Vielseitigkeit sind weitere wichtige Punkte."[118] Dabei maßgeblich ist freilich die Einsamkeit. Wenn es keinen Partner (mehr) gibt, der Antrieb samt Ideengeber zugleich sein kann. Wenn das soziale Umfeld zusammengeschmolzen ist und wenn sich aus dem Leben „davor" keine Hobbys, keine sonstigen aktiven Beschäftigungen in die Pension retten ließen. Was zweifellos helfen kann, ist das Tätigsein oder das Arbeiten im Alter. Mehr davon später.

Viele alte Menschen geraten in Stress, wenn sie ihren Ruhestand antreten. Ob wegen Über- oder Unterforderung ist letztlich egal. Beides kann zu einem Krankheitsbild führen, für das es, so glaube ich, keinen deutschen Ausdruck gibt. Übersetzt heißt es so ähnlich wie „ausbrennen". Einige Quellen[119] behaupten, der Name käme vom Roman „A Burnt-Out Case" des britischen Schriftstellers Graham Greene aus dem Jahr 1960. Ich selber vermute eher einen Zusammenhang mit der Praxis des Reifenaufwärmens bei Dragster-Rennen[120] in den USA, die schon nach dem Zweiten Weltkrieg begannen. Da wurden bei blockierten Vorderrädern die hinteren zum Durchdrehen gebracht, das nannte man „Burn-out" – durchaus ein Bild, das in der Psychologie Verwendung gefunden haben könnte.

> „Der ärmste Mensch ist der, der keine Beschäftigung hat". Albert Schweitzer[121], deutsch-französischer Arzt und Philosoph.

Bore-out – der langweilige Bruder des Burn-out

So bezeichnet es Hannah Fuchs treffend[122]: „Unterforderung und gähnende Langeweile (…) kann auf Dauer krankmachen. Beim Bore-out-Syndrom tun Betroffene dennoch weiterhin so, als seien sie schwer beschäftigt. Klingt absurd, ist es aber nicht".

Dieses „ausgelangweilt-sein" gilt im Beruf ebenso wie für Menschen, die in die Jahre gekommen sind. Besonders dann, wenn sie keiner geregelten Arbeit mehr nachgehen, weiß Ursula Lehr, emeritierte Professorin für Gerontologie: „Die Symptome sind die gleichen wie bei einem Burn-out".[123] Später dann: „Unterforderung kann Senioren noch im hohen Alter treffen. Wenn etwa plötzlich der Partner stirbt, der zuvor Lebensmittelpunkt war, bleibt ein großes Loch zurück", berichtete sie, und: „Das betrifft besonders häufig Frauen über 80 Jahre, die mit der Heirat ihren Job aufgegeben (…) und danach vor allem für ihren Mann gelebt haben", so Lehr. Mit dessen Tod verlieren die Tage auf einmal ihre gewohnte Struktur, ein Gefühl der großen Leere entsteht.

Eine ähnliche Position nimmt die Psychologin Julia Scharnhorst ein, wenngleich sie der Ansicht ist, dass es besonders Männer erwischt: „Bereits die Zeit kurz nach Rentenbeginn ist häufig prekär (…). Hier sind – noch – vor allem Männer betroffen, weil die ihr Leben oft sehr stark über ihre Arbeit definieren". Und weiter: „Gerade bei Workaholics, denen die Zeit für Hobbys und Freunde fehlte, bricht mit der Rente einiges zusammen."[124] Wenn Leistungsträger in Pension gehen, fühlen sie sich manchmal überflüssig. Status und Anerkennung fehlen plötzlich, und es ist niemand mehr da, den man zum Rapport bitten kann. Niemand, der um Rat fragt, der Anweisungen oder Kontrolle benötigt. Zuweilen wird die Gewohnheit dann im trauten Heim ersatzweise fortgesetzt. Näheres unter der Rubrik „Scheidung".

Empty-Desk-Syndrom

Wird dieses Krankheitsbild von der Umgebung des alten Menschen nicht rechtzeitig erkannt und behandelt, kann es pathologisch werden. Erstmals befundet wurde es 2008 von Otto Quadbeck, vor seiner Pensionierung Banker, später studierter Psychologe. Er beschreibt in seinem Buch „Das Empty-Desk-Syndrom: Die Leere nach der Pensionierung",[125] wie Führungskräfte nach Beendigung der Erwerbsarbeit ihre psychischen Probleme bewältigen (könnten), und erklärt darin den „Komplex dauerhafter psychischer Probleme ehemaliger Führungskräfte im Ruhestand". Ebendort heißt es: „Die Pensionierung führt einerseits zu massiven Verlusterfahrungen (Status, Kontakte, persönliche Identität) und zur Verletzung von Bedürfnissen (Leistung, Kompetenz, Macht, Selbstverwirklichung)". Ähnlich klingt es bei Louisa Lagé in der Wirtschaftswoche[126], wo sie schreibt: „Vielen Managern fällt es schwer, den Job loszulassen. Sie verschließen die Augen vor dem drohenden Bedeutungsverlust. Wenn es soweit ist, sind sie überfordert – weil ihnen Soft Skills fehlen."

Dieser Zustand wird nach Meinung Lehrs meist falsch beurteilt, da man häufig annimmt, „dass die Symptome auf eine Demenz hindeuten". Dabei sei rund ein Fünftel aller Demenz-Fälle auf Depressionen zurückzuführen. Und die haben ihren Ursprung nicht selten in einem Bore-out. Ein beeindruckendes Beispiel bekam ich von Prianthy. Sie lebt in der Schweiz, wurde jedoch in Sri Lanka geboren und hat mir ihre berührende Geschichte auf einem Tonträger übermittelt:

Der Horror der Familie

Für mich ganz, ganz spannend war, wie mein Adoptivvater sich mit 55 hat frühpensionieren lassen, das war in dem Fall der Horror der Familie. Also wir wurden alle irgendwie terrorisiert von ihm. Seit er seine Visitenkarten abgegeben hat, war er restlos verloren. Er hatte keine Freunde, war davor aber ziemlich groß im ‚Big Business' dabei. Die Männer sind wirklich verloren, in dem Moment, in dem sie pensioniert werden. Er verfiel rasch, wurde depressiv und dann sehr schnell ernsthaft krank. Er bekam eine Nieren-Insuffizienz, und so mit 63 auch noch mit dem Herzen Probleme. Er wurde also durch seine Pensionierung richtig alt. Er, ein studierter Mann, hat einfach das Leben aufgegeben. Das sehe ich oft bei Menschen, die in Rente gehen, und sozusagen „tot umfallen". Wenigstens zwei weitere Beispiele im Freundeskreis, bei Männern, die so aus dem Leben gerissen worden sind. Furchtbar.

> Was für viele Menschen wie die Belohnung nach einem langen harten Arbeitsleben klingt, nämlich der Ruhestand, bedeutet für andere das Ende der Welt. Der persönliche Untergang schlechthin!

Wunderbar verfilmt hat das Victor von Bülow, besser bekannt unter seinem Künstlernamen „Loriot", in „Pappa ante Portas": Dort ist der Workaholic Heinrich Lohse, pingelig bis zur Pedanterie, pflichtbewusst und humorlos, Einkaufsdirektor einer Röhrenfabrik. Er greift begeistert zu, als er mit einem Riesenrabatt einen Vorrat von Schreibmaschinen-Papier samt Radiergummis ergattern kann – einen Vorrat für die nächsten 40 Jahre – was zu seiner zwangsweisen Frühpensionierung führt. Daheim stellt er dem Haushalt sein „Organisations-Talent" zur Verfügung, was selten gutgeht. Wie der Film endet? Ich glaube mich zu erinnern, dass Lohse nicht depressiv geworden ist, was er zum Teil seiner entschlossenen Ehefrau zu verdanken hatte. Zu seinem und der Familie Glück.

Wenn Langeweile, das Empty-Desk-Syndrom oder Bore-out zu einer massiven Bedrücktheit führen, so lesen wir bei der Psychiatrie St. Gallen Nord, kommt der Patient ohne medizinische Hilfe kaum mehr auf die Beine.[127] Dann wird das leicht zu einer richtigen Depression.

Altersdepression

Zwar unterscheidet sich die Altersdepression nur wenig von der „normalen" Depression, lerne ich bei der Deutschen Depressionshilfe[128], hier jedoch träten einige atypische Besonderheiten auf: Rückenschmerzen, Ohrengeräusche und/oder Konzentrations- sowie Auffassungsstörungen – all das würde jedoch oft fälschlich als Alzheimer-Demenz diagnostiziert. „Wird durch den Arzt nicht nach den psychischen Symptomen einer Depression, wie Hoffnungslosigkeit, Suizidgedanken, Schuldgefühlen etc. gefragt, kann die Depression als zugrunde liegende Erkrankung übersehen werden. Ohne die entsprechende Diagnose, kann die Erkrankung nur ungenügend behandelt werden. Betroffene richten ihre Aufmerksamkeit und Sorgen häufig auf bestehende körperliche Beschwerden, zu denen auch Schmerzen unterschiedlichster Art oder Schlaf- und Verdauungsprobleme gehören. Zudem haben ältere Patienten oft Schwierigkeiten, psychische Erkrankungen als eigenständige Erkrankung wie andere (körperliche) Erkrankungen zu akzeptieren".

Wird eine Depression nicht rechtzeitig erkannt und behandelt, so kann sie derart gravierend werden, dass sie zum Suizid führt.[129]

Wenn es scheinbar nur noch einen Ausweg gibt[130]

„Tiefe Traurigkeit, Verzweiflung und keine Hoffnung auf Besserung sind typische Zeichen einer Depression. Im Alter ist das Leben zusätzlich geprägt von Verlusterlebnissen, dem Nachlassen der eigenen Kräfte und der Angst vor Abhängigkeit. Das treibt eine erschreckend hohe Zahl von Senioren in den Suizid"[131], schreibt N. Schuster. Er stellt klar: „Psychische Erkrankungen bei Älteren sind keine Seltenheit. Schätzungen zufolge leidet rund jeder Vierte der über 65-Jährigen daran. Neben Depressionen treten auch Demenzen, Wahn- und Suchterkrankungen sowie Angststörungen auf". Prof. Teising von der IPU Berlin ergänzt im selben Artikel: „In Deutschland sind mehr als 40% der Menschen, die sich jährlich das Leben nehmen, 60 Jahre und älter. Besonders bei Männern steigt die Suizidrate im Alter extrem an".

Nicht die allerneuesten Zahlen, doch für eine Einordnung hinreichend, scheinen diese – erschreckenden – Statistiken zu sein: „Im Jahr 2018 belief sich die Selbstmordrate in Deutschland auf 11,3 Suizide je 100.000 Einwohner", heißt es bei statista.com; „unverändert steigen die Suizidraten mit voranschreitendem Alter deutlich an: Liegen sie bis 45 Jahre unter dem Bundesdurchschnitt, steigen sie bis zum 70. Lebensjahr auf rund 16 je 100.000, um schließlich in der Altersgruppe der über 85-Jährigen auf über 35 je 100.000 anzusteigen".[132] Das heißt, dass die Selbstmordrate der Menschen jenseits der 85 drei Mal (!) höher wäre als der Durchschnitt. Obwohl das Zahlen aus Deutschland sind, ist zu vermuten, dass sie in Österreich nicht viel anders aussehen.

Die Dunkelziffer ist vermutlich noch höher.[133] Die Verweigerung von Nahrung oder Flüssigkeit, die Nichteinnahme von Medikamenten sowie ungeklärte tödliche Unfälle werden bei den Alten kaum jemals als Selbstmord gewertet bzw. entdeckt. Suizidversuche erfasst man, so heißt es, aus datenschutzrechtlichen (?) Gründen überhaupt nicht. „Die Zahl der Suizidversuche ist schätzungsweise 15- bis 20-mal so hoch"[134], heißt es bei der Deutschen Demenzhilfe. „Zwei von drei Suiziden werden von Männern verübt. Insbesondere ältere Männer haben ein erhöhtes Risiko".

Was das alles mit dem Thema dieses Buches zu tun hat? Nun, wenn wir davon ausgehen, dass Arbeiten im Alter oder das Tätigsein maßgeblich zur körperlichen und geistigen Fitness beitragen, wenn wir weiter davon ausgehen, dass Menschen, die einen Sinn in ihrem späten Leben sehen, wahrgenommen und gebraucht werden wollen, so gut wie nie in die Gefahr geraten, aus Abwesenheit der obigen Gründe in Depression zu verfallen, so kann man gar nicht oft genug darauf hinweisen: Arbeitet, haltet euch beschäftigt, solange ihr irgend könnt!

Selbst wenn Verzweiflung im Alter nicht oder nicht immer zum Äußersten führen muss, so sind die Gefahren der Versuche, sich Linderung zu verschaffen, ziemlich groß. Da wird der Weg vom Genussmittel zur Droge kurz. Es kommt sicher darauf an, was wir unter Drogen verstehen. Gemeint ist in diesem Zusammenhang kaum der Joint oder die Nase voll Koks, denn Glücksspiel, Alkohol, Tabak und vor allem Medikamente stehen weit oben auf der Liste der kurzzeitigen Glücksbringer. „Seniorinnen und Senioren haben häufiger Suchterkrankungen als jüngere Menschen", bestätigt die Plattform mitpflegeleben.de[135], und: „Die Suchtmittel der älteren Generation sind meist Alkohol und Medikamente."

Wenn die Sucht zum Alltag wird

„Abhängigkeitserkrankungen zählen in Deutschland zu den häufigsten chronischen Erkrankungen. Lange Zeit wurde davon ausgegangen, dass eine Alkoholerkrankung im Alter nur ein sehr randständiges Problem darstellt, da die betroffenen Menschen entweder bereits an den Folgen der Sucht verstorben sind oder im Alter abstinent leben. Beide Annahmen haben sich als nicht richtig herausgestellt. Unstrittig ist, dass ältere und alte Menschen aufgrund der Zunahme an Erkrankungen und Beschwerden mehr Medikamente einnehmen als jüngere Menschen"[136], liest man auf der Website des Uniklinikums Hamburg, Zentrum für Interdisziplinäre Suchtforschung der Klinik für Psychiatrie. Das aerzteblatt.de nennt es so: „Die stille Katastrophe".[137] Beide Einrichtungen sollten es wissen.

Die erhöhte Suchtanfälligkeit der Senioren habe unterschiedlichste Gründe, meint mitpflegeleben.de, und obendrein, dass häufig die Einsamkeit die Alten in die Alkohol-/Medikamentensucht triebe. Viele von ihnen könnten den Verlust des geliebten Partners, der langjährigen Freunde oder Weggefährten nur schwer verkraften; das ständige Alleinsein mache ihnen zu schaffen und sie verfielen in eine Altersdepression. In dieser Situation schiene nur noch der „Griff zur Flasche oder zur Pillenschachtel" Linderung zu verschaffen.

Wie sehr Alkohol in unserer Gesellschaft als Selbstverständlichkeit angesehen wird, viel weniger als Problem, erkennen wir an den vielen Witzen, die darüber kursieren:

> „Ich komm' grad vom Arzt. Mein Leben lang habe ich Wein, Bier, Schnaps und Likör getrunken. Nun sagt er mir, ich hätt' WASSER in den Beinen!? Das kann nur beim Zähneputzen passiert sein".[138]

Unsere Kultur hat jedoch weder bei den Alten noch bei den Jungen die sogenannten „Gesellschaftsdrogen" mit einem Bann belegt, wie das beispielsweise bei Cannabis oder Heroin etc. geschieht. Gesellschaftsdrogen? Jetzt werden Sie erstaunt sein. Die Literatur spricht dabei von Substanzen wie Kaffee, Tee, Cola, selbst von Kakao – alles Mittel, die zu einer Sucht führen können.[139]

„Suchtmittelmissbrauch und manifeste Suchterkrankungen betreffen nicht nur jüngere Menschen, sondern zunehmend auch ältere Patienten"[140], schreibt das Ärzteblatt, und: „Die demografische Entwicklung einerseits, neuere medizinische Erkenntnisse andererseits sind Anlass, das Problem der Suchtprophylaxe und Therapie im Alter aus dem Bereich der Tabuisierung in das Bewusstsein ärztlichen Handelns zurückzuholen (...). Etwa 30% aller Menschen über 70 Jahre erhalten psychotrope Substanzen, und zwar sowohl in Pflegeeinrichtungen als auch im Rahmen der ambulanten Versorgung. Insbesondere die Benzodiazepine spielen hier eine gefährliche und immer noch unterschätzte Rolle."

Welche Quelle ich auch studiere, die Medikamentensucht nimmt einen breiten Platz ein. Dass eine Abhängigkeit oftmals falsch wahrgenommen wird, liegt überdies daran, dass die Symptome Ähnlichkeiten mit anderen bei Senioren auftretenden Krankheiten wie zum Beispiel der Demenz aufweisen.

Zu diesem Thema, nämlich der Demenz, wage ich mich nun nicht mehr vor. Hauptsächlich deshalb, da ich wenig Zusammenhang mit meinem Thema sehe, außer vielleicht, dass ein als angenehm empfundenes Mit-Wirken und Mit-Leben der Älteren sie vielleicht vor einem Absturz in Alkohol oder Drogen schützt. Was sozusagen eine Vorvorstufe eines Gedächtnisverlusts sein kann.

Nicht von der Hand zu weisen wäre die Erklärung „Demenz" für die Aktivitäten des folgenden Ehepaares, ich glaube aber, die Leutchen täten dies lautstark als Ausrede verwenden, so sie denn geschnappt würden:

Gnadenlos

Leute, die arbeiten, fragen mich Rentner immer, wie ich den Tag so verbringe. Also, neulich zum Beispiel, bin ich mit meiner Frau in die Stadt gefahren, um einzukaufen. Als wir nach 5 Minuten wieder rauskamen, war ein Polizist gerade dabei, einen Strafzettel zu schreiben. Wir sind auf ihn zugelaufen und haben ihn angefleht, Gnade walten zu lassen, denn wir waren ja nur 5 Minuten im Laden! Er hat uns ignoriert. Daraufhin bin ich heftig geworden, denn als Pensionist muss man sich nicht alles gefallen lassen, oder? Ich habe ihn ein fettes Schwein genannt. Ich weiß, das hätte ich nicht tun sollen, aber Sie wissen ja, wie das ist... Er hat einen neuen Zettel von seinem Block heruntergerissen, ich glaube, er hat auch ein bisserl gezittert dabei, und wieder was aufgeschrieben. Darauf hat meine Frau ihn einen Armleuchter genannt, worauf er einen anderen Zettel hergenommen hat. Es waren bald drei oder vier unterm Scheibenwischer. Und dann, ja dann ist unser Bus gekommen, es war sogar der gleiche, mit dem wir in die Stadt gekommen sind; wir haben geschaut, dass wir ihn nicht versäumen.

Fazit:

Dass körperliches und geistiges Wohlergehen im Alter wichtig ist, klingt abgedroschen. Vermutlich ist genau das ein Grund dafür, dass manche es schon nicht mehr hören wollen. Dennoch lohnt es sich, beides immer wieder zu thematisieren. Der unausweichliche Abbau von Fähigkeiten ist bedauerlich, sehr bedauerlich sogar, immerhin kann er abgefedert werden. Dafür müssen wir allerdings etwas tun. Nichts tun ist zwar manchmal notwendig, eventuell sogar hilfreich, als Dauerzustand hingegen eher kontraproduktiv.

Vorteilhafter, als keinen Plan zu haben, den Herrgott „einen guten Mann sein zu lassen", wäre es meiner Meinung nach, sich mit dem Rest seines Daseins aktiv auseinanderzusetzen. Das ist zwar manchmal kompliziert, oft sogar schmerzhaft, denn dabei müssen wir uns mit dem eigenen Ende befassen. Lieber ist's mir dennoch, wenn ich mitreden kann. Bis dorthin zumindest.

> Marcus Tullius Cicero[141], der berühmteste Redner im alten Rom: „Vor nichts muss sich das Alter mehr hüten, als sich der Lässigkeit und Untätigkeit zu ergeben."

Kapitel 3 - Ich habe einen Plan!

Was also vermag ich mit den vielen tollen Jahren noch anzufangen? Hoffentlich sind es 20, vielleicht 30 Jahre, jedenfalls hoffentlich viele. Und die möchte ich möglichst freudvoll verbringen. Wenn ich mir nun beizeiten Gedanken zu meinem Ruhestand mache, so kann ich Listen und Überlegungen anderer heranziehen oder eigene erstellen. Vier Punkte davon scheinen mir essenziell:

- Wie sieht es mit meiner Gesundheit aus?
- Wie mit meinem sozialen Umfeld?
- Wie mit meiner Gesundheit?
- Und womit will ich meine Zeit verbringen?

Fangen wir bei den Finanzen an

Geld bekommt in späten Jahren, so glaube ich, eine andere Funktion als in jungen. Ist es bei Zweiteren beispielsweise ein Mittel um mir Wünsche zu erfüllen, meine Umgebung zu beeindrucken oder Ausdruck meiner Wichtigkeit, so wird es im Alter viel mehr zu einer Art Versicherung. Ich will sicher sein, dass ich mir meine (Grund-)Bedürfnisse leisten kann. Ich will ganz sicher sein, meiner Umgebung nicht zur Last zu fallen. Und will ganz, ganz sicher sein, bis zum Ende meines Daseins ausreichend davon zu besitzen, um niemanden anbetteln zu müssen, z.B. um meine Pflege zu bezahlen. Oder einfach: genug zu haben, wofür auch immer. Wobei – was wäre denn genug?

Und da spielen viele Dinge eine Rolle: als Wichtigstes meine Rente. Erlaubt die mir ein entsprechendes Auskommen? Muss ich Erspartes dazunehmen? Habe ich überhaupt Erspartes? Sich erst mit 65 um Geldquellen umzusehen, die eine Grundversorgung und ein finanziell halbwegs unbekümmertes Leben gewährleisten sollen, ist zu spät. Sofern Sie eine Pension erwarten können, die das sorgenfrei gewährleistet, heißt alles Weitere nur: ‚Butter aufs Brot'. Wenn aber nicht – und das trifft die Mehrheit von uns – dann sind eine zusätzliche ‚Säule der Altersversorgung', wie es so schön für private Vorsorge heißt, oder Investitionen, die später eine Rendite abwerfen, sehr ratsam. Möglicherweise ebenso ein weiterer Job.

Wie sieht es mit meiner sozialen Umgebung aus?

Wir Männer definieren unser gesellschaftliches Netzwerk stark über unsere Arbeit. Sagt man oder sagt frau. Dieses Netzwerk wird nach der Pensionierung größtenteils wegfallen. Die ehemaligen Kollegen werden sich kaum mehr melden, die Lieferanten und Kunden sowieso nicht. Wenn wir selber Kontakt suchten, passte oft der Augenblick gerade schlecht, vielleicht gab es nichts zu sagen. Außer man arbeitet – wenngleich in stark reduziertem Ausmaß – beim selben Arbeitgeber und/oder im selben Metier, demgemäß im selben Arbeitsumfeld weiter.

Wesentlich mehr Kontakte haben hingegen Frauen. Sagt man und sagt auch frau. Sie besitzen ein viel größeres Talent, ihr soziales Umfeld zu pflegen, und daher tun sie sich im Alter nicht so schwer, es aufrechtzuerhalten. Bedingt hilfreich für alle sind Gruppen, denen man sich erst in höherem Alter angeschlossen hat, beispielsweise Pensionisten-Vereine. In jedem Fall besser als gar nichts. Freundschaften, selbst bessere Bekanntschaften benötigen schließlich recht viel Zeit, um sich gut zu entwickeln, und brauchen regelmäßige Pflege. Mit Pensionsantritt neue Kontakte zu suchen, wird vermutlich schwierig. Dienlicher wären da jedoch Clubs und Vereine, denen man bereits früher beigetreten ist.

Wie sieht es mit meiner Gesundheit aus?

Erst nach 65 mit Sport anzufangen oder die Ernährung umzustellen, ist besser als nie. Gesünder wäre es aber, damit deutlich früher zu beginnen. Dauernd verdrängte Gesundheitsprobleme lösen sich in der Rente nie von allein – rechtzeitig behoben, erfreut das Ihre späten Jahre und die Gesundheitskasse. Vermutlich nicht gerade die Pensionsanstalt.

3.1 Womit will ich meine Zeit verbringen?

Und die letzte Entscheidung, die Sie treffen müssen: Was mache ich mit den verbleibenden Jahren? Beginnen wir dort, wo es nicht ums Arbeiten als solches geht, vielmehr um das „sich Beschäftigen". Meiner Meinung nach sind das eher Betätigungen, die uns nur zeitlich begrenzt begleiten werden, nichtsdestotrotz ein wichtiges Feld. Einen überaus klugen Vorschlag für angehende Pensionisten, besonders, wenn diese noch unsicher über ihre Zukunft sind, habe ich beim Philosophen Richard David Precht[142] gefunden:

> „Vielleicht sollten die heutigen Senioren ihren Ruhestand mit einem sozialen Jahr beginnen, um zu sehen, wo ihre Interessen und Stärken liegen, und sich dann entsprechend einbringen. Das fördert keineswegs nur das Selbstwertgefühl, es macht glücklich, ja, es verbessert sogar die Gesundheit, gebraucht zu werden, Anerkennung zu finden und seine Erfahrung weiterzugeben."[143] Einen Versuch wäre es gewiss wert.

Zweifellos ist es nicht jedermanns Sache, sich nach dem Eintritt in den Ruhestand weiter zu betätigen, doch irgendetwas müssen die Älteren schließlich tun, oder? Greta Silver, die

„Grande Dame der späten Lebensfreude", hat die Voraussetzung dafür in einem einzigen so trefflichen Satz zusammengefasst: „Die Zeit von 30 bis 60 ist genauso lang wie die Zeit von 60 bis 90".[144] Und das ist wunderbar lange.

Wissen Sie noch, was Sie in diesen „ersten" 30 Jahren alles getan und erlebt haben? Auf die Beine gestellt? Woran Sie scheiterten und was Sie alles durchstanden? Ich versuchte einmal es zu Papier zu bringen – nach vier Seiten voller Notizen gab ich auf. Mein halbes Leben und zwei Drittel der Ereignisse, die mich (erinnerlich) betrafen, hatten sich in dieser Zeit abgespielt. Aufregend war's obendrein. Und jetzt, bloß weil man mich zu den Senioren zählt, soll das alles aufhören? – kommt nicht infrage! Ich möchte niemandem zu nahe treten, will keinem meine Wünsche, Pläne oder Aktivitäten als richtig oder falsch verkaufen, ich kann sie nur einfach tun. Was immer dabei herauskommt und wieviel ich umzusetzen vermag – viel hängt von mir ab, manches von meinem Umfeld, das Meiste jedoch vom Segen von oben. Glück werde ich obendrein brauchen, aber davon hatte ich mein ganzes Leben lang reichlich. Danke dafür!

Wenn sonach der rüstige Rentner – und hoffentlich bleibt er das – weniger aufs Weiterarbeiten eingestellt ist, so findet er dennoch ein reiches Feld von Betätigungen. Beginnen wir die Liste mit diesen möglichen Tätigkeiten:

- Wandern
- An Stadtführungen teilnehmen
- Sich ein Tier zulegen
- Der Fischerei oder der Jagd frönen

Hier will ich kurz stoppen – die Liste geht später weiter – da ich eine Anekdote von Josef, dem vormaligen Steuerfachmann, einbinden möchte. Er hat sich gut auf seinen Ruhestand vorbereitet, die Geschäfte wohl bestellt übergeben und freut sich seines aktiven Lebens. Anzutreffen ist er heute „auf der Insel", wie von Peter Cornelius besungen, wenngleich von Josef nicht deshalb auserkoren, weil er reif für sie war, sondern da er sie als Genuss-Ort ausgesucht hat. Sagt er. Wenn ich mir allerdings die erste Strophe von „Reif für die Insel" anhöre, so könnte das einen anderen Hintergrund haben:

> Wenn i so überleg, worum's im Leben geht,
> Dann sicher net um des, wofür i leb'.
> I arbeit's ganze Jahr lang, schön brav für's Finanzamt,
> I frag mi, ob des ewig so weitergeht.

Wenn Josef grad nicht auf der Insel ist, findet man ihn im Wald. Mal mit Wild, mal mit Gast, mal mit Hund:

Assis ungerader Zehner-Bock

Fünfzig Jahre sind es nun her, dass ich die Jagdprüfung abgelegt habe. Also viele Jahre mit reichlich Jagderlebnissen, die ich erfahren durfte. Eines davon mit einem lieben Freund, den ich als Jagdgast in mein Revier einlud. Es begann damit, dass er seinen Hund namens Assi, einen kleinen Terrier, mitnehmen wollte, und ich hatte nichts dagegen. Allein, dass er fragte, hätte mich stutzig werden lassen sollen. Es ging zu dritt in die Au und auf den Hochsitz. Unter uns eine große, duftende Wiese, rundherum Auwald. Assi lauschte aufmerksam, ob sich denn ein Wild nähern würde?

Es dauerte nicht lange, bis ein Bock aus dem Unterholz auftauchte, ein eher altes, abschussreifes Tier. Er besaß ein Geweih mit fünf Enden auf nur einer Seite, man nennt das einen „ungeraden Zehner". Bevor er sich zu weit entfernte, gab ich ihn, wie es zwischen Jagdherrn und Jagdgast üblich ist, zum Abschuss frei. Ich merkte, wie mein Gast ein wenig zitterte, das Jagdfieber hatte ihn gepackt, dennoch traf er punktgenau – Jagdgöttin Diana meinte es gut mit ihm. Wenn man glaubt, dass nach dem Knall heilige Ruhe eintreten würde, der hat sich geirrt. Aus Assi brach eine Aufregung heraus, wie ich sie mir nicht vorstellen konnte. Sie bellte nicht, sie ‚schrie' mit heiserer Stimme vor lauter Leidenschaft. Beim Bock angekommen, setzte sich ohrenbetäubendes Jauchzen fort, und sie beruhigte sich erst wieder im Auto, auf der Fahrt zum Dorfwirt, wo der Erfolg mit Jagdfreunden begossen werden musste. Hund und ungerader Zehner verblieben im Wagen.

Es war gegen Mitternacht, als ich mich verabschiedete und zum Auto ging. Kaum schloss ich es auf, begann das Geheul von Neuem. Assi betrachtete diesen Bock als den ihren und wollte mich partout nicht in mein Fahrzeug lassen. Gehabe und Lautstärke waren so eindeutig, dass ich beschloss meinen Jagdgast zu bitten, seinen Hund aus dem Wagen zu holen, damit ich heimfahren könne. Da aber sowohl Hund als auch Herrl viel Aufregung im Blut hatten, benötigte es geraume Zeit, bis ich in mein Auto konnte, und die beiden anderen in ein zu Hilfe gerufenes Taxi. Die Nachbesprechung in der Jagdrunde dauerte lange – manche sagen, sie hält noch an.

Die Heimwerker unter Ihnen werden sich vermutlich in diesen Tätigkeiten eher wiederfinden:

- Basteln
- Einen (handwerklichen?) Beruf erlernen
- Das Haus/die Wohnung renovieren

Von einem Paar, das diese Anregung erfunden haben könnte, möchte ich hier berichten. Besser gesagt: die beiden berichten lassen.

Das Tor zum Paradies

Eine Freundin hatte jahrelang versucht, uns in ihr Haus auf Elba einzuladen – wir empfanden diese wohlgemeinte Einladung jedoch längere Zeit als Bürde. Als wir aber eines Sommers beschlossen, unsere Ferien südlich von Neapel zu verbringen, war damit auch die Gelegenheit gekommen, die toskanische Insel zu besuchen.

Wir verliebten uns augenblicklich in Insel und Ort und verbrachten fortan mehrere kürzere und längere Urlaube in unterschiedlichen Quartieren. Eines Tages – wir schlenderten durch die mittelalterlichen Gassen des Dorfes – stach uns an einem romantischen alten Gebäude die Tafel „Vendesi" ins Auge. Mehr aus einfacher Neugierde als aus seriöser Absicht, ließen wir uns einen bezaubernden Turm von der Maklerin zeigen, beschieden dieser aber sehr schnell, dass wir einem Kauf nicht nähertreten wollten. Der nächste Sommer kam und wir verbrachten erneut wunderschöne Tage auf Elba. Knapp vor der Abreise meldeten wir uns erneut bei der Maklerin und es kam, wie es kommen sollte: Das Tor einer Liegenschaft öffnete sich und gab einen Blick frei, der so atemberaubend war, dass der Gedanke an einen Kauf plötzlich gar nicht mehr abwegig war. Und so wurde aus einer Phantasie Wirklichkeit.

Unzählige bürokratische Hürden waren zu überwinden, aber drei Tage vor Weihnachten, es war ein klarer, kalter Dezembermorgen, standen wir auf der Fähre und fuhren unserer Zukunft entgegen. Heiligabend feierten wir schon mit unseren Kindern im neuen Haus. In jenen Jahren standen wir noch im Beruf, hatten also nur die Urlaubswochen für Aufenthalte auf der Insel zur Verfügung. Dann, als Pensionistin aber konnte ich erstmals drei Monate am Stück in der italienischen Freiheit verbringen. Als auch mein Mann in Ruhestand ging, verbrachten wir mehr und mehr Zeit im eins-

tigen „Ferien"-Paradies, das sich damit in ein „Lebens"-Paradies verwandelte. Wir steckten unsere gesamte Energie in Um- und Ausbauten, und als uns schließlich sämtliches, uns umgebendes Gelände zufiel, auch in den Bau eines Pools, der das Lebensglück auf diesem Flecken noch perfektionierte.

Folgerichtig veräußerten wir unser Haus in Österreich, und fanden im Herzen des geliebten mittelalterlichen Ortes zwei weitere Wohnungen, die mein Ehemann liebevoll restaurierte, und mit den vertrauten, aus dem ehemaligen Hausstand stammenden Gegenständen ausstattete. Die beiden Adressen werden an Feriengäste vermietet, und ich finde mich als „Herbergs-Managerin" in einer neuen Rolle. Es entstanden weitere Bekannt- und Freundschaften im Ort, zugegebenermaßen vorwiegend mit Menschen, die ähnlich wie wir auf der Insel ein zweites Leben begonnen hatten. Aber, wenn ich im Winter, der touristenfreien Phase des Jahres, von Einheimischen angesprochen werde, die sich mit mir über eine Begebenheit des örtlichen Lebens austauschen wollen, fühle ich mich restlos angekommen. Hätte mich jemand vor fünfzehn Jahren gefragt, wo ich mit 65 Jahren lebe und mit was ich mich beschäftigen würde, ich hätte keine Antwort darauf gehabt, aber mit Sicherheit hätte ich nicht gewusst, dass ich mich im Paradies befinde.

Nicht jede oder jeder ist dazu berufen, sich ohne den üblichen Umweg ins Paradies zu begeben, aber andernfalls ginge dort ohnedies schnell der Platz aus. Oft reicht es uns schon, über anderer Wonneleben berichtet zu bekommen oder es sich anzusehen. Beim:

- Fernsehen/Streaming
- Bücher lesen
- Einem (virtuellen) Lesezirkel beitreten
- Reisen

Aber auch diese Tätigkeiten dürfen nicht übersehen werden:

- Rätsel aller Art lösen
- Spiele mit und ohne Partner hervorholen
- Im Garten arbeiten

Es kommt vor, dass Menschen erben, manche gleich ein Haus samt Garten. Daraus ergibt sich jedoch die Notwendigkeit des „Tuns". Davon erzählt die Geschichte des emeritierten Rektors Hans:

In corpore sano

Eine Erbschaft will gepflegt sein, das Haus und der Garten in Ordnung gehalten und der Rasen alle paar Wochen gemäht werden, eine ideale Freizeitbeschäftigung, die das Angenehme stets mit dem Nützlichen verbindet, wenn man einen gepflegten, bunten Garten mit einer sauber geschnittenen Rasenfläche als für das Auge wohltuend und die erforderliche körperliche Ertüchtigung als nützlich empfindet. Ich habe diese Art der Tätigkeit vom Frühjahr bis in den Herbst hinein seit jeher als besonders erstrebenswert gefunden, zumal dieses Tun eine willkommene Handarbeit als Gegenpol zu der wöchentlichen Kopfarbeit darstellt, also ganz im Sinne von „mens sana in corpore sano". Aber nicht nur deshalb, sondern weil auch diese Arbeit in der frischen Luft leicht von der Hand geht und sich etwa beim Rasenmähen das Erfolgserlebnis augenblicklich einstellt, während es bei Kopfarbeit meist einen langen Atem braucht, sofern überhaupt ein Erfolg eingefahren werden kann.

Und so war ich wieder einmal mit Gartenarbeit und Rasenmähen in der Obersteiermark beschäftigt. Dass derart körperliche Betätigung anstrengend ist und nicht ohne Verschmutzung abgeht, wissen all jene, die Grünzeug ihr Eigen nennen. Zum Ende des langen

Arbeitstages war ich daher verdreckt von Kopf bis Fuß bis hin zur Unkenntlichkeit, als in der Dämmerung ein älteres Ehepaar den Zaun entlang spazierte und einen kurzen Halt zur „Qualitätskontrolle" meines Tuns einlegte. Da rief mir die ergraute Dame über den Gartenzaun hinweg ein schönes Kompliment zu: „Na, da wird sich aber der Herr Rektor freuen, wenn Sie seinen Garten so schön pflegen und den Rasen so perfekt mähen." Und meine postwendende Antwort: „Ja, das hoffe ich sehr. Wenn er nämlich mit meiner Arbeit nicht zufrieden ist, so kann er sich das nächste Mal den Rasen selber mähen!"

Selbst wenn der Herr Rektor a.D. in seiner nun üppigeren Freizeit ein ziemlich großes Stück Land zu bestellen hat, so wird es wohl kleiner sein als Martins Olivenhain. Nicht geerbt, sondern mit Absicht erworben. Allerdings ursprünglich mit dem Vorhaben, das Rauschen der silbrigen Blätter oder die schemenhaften Umrisse der betagten Bäume im Sonnenuntergang zu genießen; oder ihn sinnieren zu lassen, wie so ein verkrüppelter alter Baum noch immer so viel Leben ausstrahlen kann – allein, wie so oft, kam's anders. Es artete in Arbeit aus.

Die Schizophrenie der Olivenernte

Kreuzschmerzen kenne ich aus eigener Erfahrung gut: vermutlich bedingt durch jahrzehntelanges verdrehtes Stehen an einem OP-Tisch oder gebeugtes Sitzen. Seit über zehn Jahren in Pension, habe ich diese Beschwerden, jetzt aber als Folge einer für mich neuartigen Tätigkeit, des Öfteren wieder erlebt: Mit dem Erwerb eines wunderbaren Fleckens Erde in Griechenland war ich zwangsläufig auch in den Besitz einer Menge alter Olivenbäume gekommen, mit denen mich sofort eine tiefe Beziehung verband: faszinierende Lebewesen, keiner gleicht dem nächsten, jeder einzelne ist ein Individuum, zu dem sich im Laufe der Jahre ein immer innigeres, von Ehrfurcht getragenes, Ver-

hältnis entwickelte. War nun der Winter kalt genug und hatte sich die Olivenfliege nicht zu sehr vermehrt, gab es im Frühjahr ausreichend Regen, blieb es Anfang Mai zur Blütezeit trocken und kriegten wir im Sommer etwas Niederschlag, so mündet diese Kette von Unwägbarkeiten in die Entwicklung von Oliven und damit zwangsläufig in die moralische Verpflichtung, dieses Gottesgeschenk dankbar anzunehmen; das harte Los einer Olivenernte auf sich bzw. auf den Rücken zu nehmen.

Ich gestehe, uns helfen dabei liebe Nachbarn, die mit langen Bambusstöcken die Oliven von den Ästen schlagen, wir sind eher das „Bodenpersonal", welches schlechte Oliven, Blätter und Äste aussortiert, sodass schlussendlich wirklich nur einwandfreie Früchte in die Säcke kommen. Am Ende des Arbeitstages kurieren wir unsere geschundenen Körper im Meer und sorgen in zufriedener Runde für unser leibliches Wohl, herrliche Blicke in die Weite, spektakuläre Sonnenuntergänge und Sternenhimmel erfreuen uns und lassen den harten Tag vergessen. Endlich! Die Bäume sind von ihrer Last befreit und prall gefüllte Säcke werden einer nach dem anderen in der Ölmühle des Dorfes entleert – MEIN Öl lässt dann alle Mühen vergessen und selbst das Kreuzweh wird auf einmal unbedeutend. Ich bin dankbar, dass im kommenden Herbst (aufgrund des Zweijahresrhythmus der Bäume) uns keine Ernte „droht", freue mich dennoch unbändig auf das nächste Olivenjahr!

Natürlich gibt es daneben deutlich weniger anstrengende Tätigkeiten, für manche vermutlich ebenso erfüllend:

- Wellnessen
- Verschönerungen aller Art an sich vornehmen lassen
- Kreativitätskurse besuchen
- Aktiv Freundschaften pflegen (Senioren-Tinder inklusive)
- Nähen, Sticken, Stricken
- Künstlerisch tätig sein

Und wieder ein Zwischenstopp: Mein Cousin Peter Pakesch[145], international als Kunstfachmann tätig, hat mir erzählt, dass er vor Kurzem Kurator zweier Ausstellungen in der Kunsthalle Basel und im Kunsthaus Graz war, sie nannten sich: „Eine Karte -35/65+".

Zeitlos

„Es ging darum, ausschließlich Werke von Künstlerinnen und Künstlern unter 35 und über 65 zu zeigen. Beide Ausstellungen wurden zu großen Erfolgen, indem sie weit über die Generationen Nähe und Beziehungen thematisierten."

Auf der Website der Kunsthalle Basel hieß es dazu: „Ausgewählt wurden nur Werke von Künstlerinnen und Künstlern eines bestimmten Alters – über 65 und unter 35. Demografisch und biografisch brisant. Den Beginn der Reife eines Oeuvres gegenüberzustellen, mag heute anderes bedeuten als noch vor 20 Jahren, einer Zeit, in welcher Dekaden als Stile noch präsenter waren."[146] Peter abschließend: „Ganz selbstverständlich, aktuell und durchaus jugendlich mischten sich die Senioren und Seniorinnen unter die Jungen, und wer's nicht wusste, sah keine wirklichen Unterschiede im Alter."

Ebenfalls könnte man:

- Spazieren gehen
- Kochen
- Aktives Clubleben in Segel-, Golf-, Gesellschaftsclubs pflegen
- Netzwerken analog und digital

Wieder darf ich unterbrechen und eine Geschichte von Eduard einbauen. Ihm ging seine geliebte Arbeit so sehr in Fleisch und

Blut über, dass er sogar im Ruhestand seine Kenntnisse und Verbindungen nützt, und gleichzeitig die moderne, digitale Technik. Wichtig dabei ist, dass Netzwerken[147] nichts oder nur wenig mit Gesellschafts-Clubleben zu tun hat:

Von Erdäpfeln zum Netzwerk

Schon als Kind habe ich aus Erdäpfeln [für unsere nördlicheren Freunde: Kartoffeln] Stempel geschnitzt. Später bekam ich entsprechende Buchstaben-Stempel, um für einen von mir erdachten Verein Ausweise erstellen zu können. Da hat sich mein Hang zum Netzwerken bereits gezeigt. In meiner Studentenzeit bin ich einem Anlegerclub beigetreten, um meine Börsenkenntnisse mit anderen zu teilen. Als ich später als Management-Trainer merkte, dass es dafür keine eigene Standesvertretung gibt, habe ich mit vier Gleichgesinnten den „Verband der Management- und Marketing-Trainer" ins Leben gerufen, bei dem ich als langjähriger Präsident wirken durfte und heute noch Ehrenmitglied bin.

Obwohl längst Rentner, rettete ich mir aus meinem Berufsleben einige wichtige Gedanken herüber. Als ehemaliger Gedächtnis- und Kreativitätstrainer wusste ich, dass ständig neue Herausforderungen dem Altern generell entgegenwirken. Und so gründete ich in der Pension das Netzwerk „Cross Innovation Salzburg – von anderen Branchen lernen". An den Themen Innovation und Zukunft Interessierte kommen an vier Abenden im Jahr zusammen, um mehrere Stunden lang über selbstgewählte Fragestellungen zu diskutieren. Das Netzwerk besteht nur inoffiziell, denn es ist nicht als Verein angemeldet und meidet jede Bürokratie. Corona hat die persönlichen Treffen zwangsweise in virtuelle Zoom-Konferenzen gewandelt. Für mich selbst (als 74-Jährigen) eine interessante Erfahrung!

Was sagte Harald Juhnke[148] zum Netzwerken? „Man müsste nochmals zwanzig sein, mit den Adressen von heute."

Ergänzend ein paar weitere Ideen für Spaß, Spannung und Sinn in der Pension:

- Eine Tierpatenschaft übernehmen
- Auf die Uni/Abendschule etc. gehen
- Im Repair-Café aushelfen
- Im Internet surfen
- Sich digital weiterbilden

Die digitale Welt, insbesondere das world-wide-web vulgo Internet, hat so gut wie alle Bereiche unseres Lebens erreicht. Manche sagen infiltriert oder auch unterwandert. Man mag dazu stehen, wie man will, nur entkommen kann man dem nimmermehr. Ganz besonders in der Kommunikation, die für die Älteren ausgesprochen wichtig ist, denn wenn man körperlich weniger flink unterwegs sein kann, digital geht's deutlich länger. Hier sind die einen bereit, das (geforderte) hohe Tempo mitzuhalten, die anderen weniger.[149] Es treffen daher jene, die es „digital draufhaben", auf jene, die gerade einmal „Internetzn, Gugln und i-Mehlen, manchmal schon Fäßbucken" können. Damit die Senioren jedoch nicht abgehängt werden, scheint es mir wichtig, dass sie entsprechende Weiterbildungen angeboten bekommen. Und sie annehmen.

Als Abschluss dieser Liste ein paar weitere Möglichkeiten:

- Ab und zu einmal nichts tun
- Sport betreiben, an die frische Luft gehen
- Oder sich noch schneller bewegen – mit Rennwagen beispielsweise.

Hier muss ich wieder einhaken, denn Jürgen S., ein hochaktiver Rentner, Vortragender, Professor, Berater, Entwickler von technischen Gerätschaften kompliziertester Natur, und – na, lesen Sie selbst seine Geschichte mit viel Benzin zwischen den Zeilen:

Mit Vollgas in die Pension

Als regelmäßiger Amateurrennfahrer zähle ich zu den Spätberufenen. Zwar konnte ich schon als jüngerer sporadisch einen NSU TT und BMW 2002 bei Rennen fahren, aber richtig eingestiegen bin ich in die Amateur-Rennszene erst im stolzen Alter von 50 Jahren. Zur Feier des halben Jahrhunderts hatte ich mir einen Ferrari 348TS geschenkt, mit dem ich jedoch nicht besonders gut zurechtkam. Zwecks Perfektionstraining buchte ich daher einen entsprechenden Kurs, und hatte die große Ehre von Paul Frère, dem belgischen Ingenieur, F1-Fahrer, Le Mans-Gewinner und kenntnisreichen Motorjournalisten, auf die Ideallinie eingewiesen worden zu sein. Das Resultat: Abschlussrennen gewonnen und als Rennfahrer geboren.

Nach drei Jahren Ferrari Challenge stieg ich auf den Porsche Carrera 964 Cup um, und beendete auch diesen als Gewinner. Siegestrunken, verschwitzt und ein wenig angegriffen stand ich in der Box neben meinem Auto, der Siegerpokal auf dessen Dach, als mich ein vorbeischlendernder Amerikaner ansprach: „Who's the driver?" Mit unverhohlenem Stolz gab ich zur Antwort: „It's me." Der Ami blinzelte kurz zweifelnd und replizierte: „No kidding, who's the driver?" Ich blieb dabei. Hinter der Stirn des Fragestellers sah man buchstäblich die Synapsen arbeiten. „Wenn ein so alter, wenig sportlicher Typ damit in dieser Serie gewinnen kann, dann muss das Auto grandios sein. Damit habe ich wieder Chancen bei meinen Rennen in den USA ..." „Will you sell the car?" Am nächsten Tag wechselten wir Porsche gegen

Bargeld. Der Rennwagen wurde aufgeladen und in die USA verschifft. Siegesmeldungen des neuen Besitzers bekam ich keine.

Wiedergeben darf ich den zweiten Teil der Story. Jürgen ist noch zehn weitere Jahre erfolgreich Rennen gefahren und sein letztes, absolutes Highlight, wie er sagt, bestritt er mit seiner Eigenentwicklung namens Rex SP1. Einem Zweisitzer aus den frühen 1970ern mit rund 350 PS, bei einem Gewicht von 600 kg. Selbst wenn man bedenkt, dass das Leistungsgewicht durch die vielen abendlichen Management-Meetings etwas gelitten haben muss – immer noch ein so rasantes Gefährt, dass körperliche Höchstleistung notwendig war, es zum bejubelten Sieg zu führen.

> „Auch als Sechzigjähriger kann man noch 40 Jahre alt sein, aber nur eine Stunde am Tag!" Anthony Quinn anlässlich seines 60. Geburtstags.

Ein Glück für Jürgen, dass besagtes Rennen gerade einmal eine Stunde dauerte. Daneben, und darauf legt er Wert, betätigt er sich auch anderwärtig – sinnvoll(er), wie er meint: Er entwickelt gemeinsam mit der Med-Uni Wien Geräte zur nadellosen Einspritzung in die Haut – er erhielt dafür sogar eine Forschungsförderung. Für COVID-19 ein bisschen spät, für alle jedoch, die Angst vor einer Nadel haben, in Zukunft ein Segen.

Jürgen ist also jemand, der einerseits die Zeit, die er hat, genießt, andererseits daneben zeitweise arbeitet. Ob er damit Geld verdient, dürfte kaum eine Rolle spielen, viel mehr, dass er *sichtbar bleibt, beiträgt* oder *Sinn stiftet*. Somit stellt sich für manche von uns die Frage:

3.2 In welchem Feld will ich mich betätigen?

Nichts spricht dagegen, dass Sie vieles nachholen, was Sie sich für die Zeit der Pension vornahmen. Oft sogar darauf hin-gespart haben. Einige der Ideen haben wir weiter oben besprochen. Wenn Sie freilich mehr wollen, eventuell auch erst nach einer Phase des Nichtstuns oder nachdem z.b. alle dringend notwendigen Tätigkeiten rund ums Haus erledigt sind – dann, spätestens dann wäre es an der Zeit nachzudenken, was Sie mit den Ihnen verbleibenden Jahren anstellen wollen.

Möchte ich vielleicht studieren oder einen neuen Beruf lernen? Meine Erfahrungen als Lehrer, als Mentor alias Berater nützen und jemandem zur Verfügung stellen? Desgleichen könnte ich mich sozial engagieren, ein Ehrenamt anstreben? Das Feld ist unendlich weit und wir sind in der wunderbaren Lage, es uns aussuchen zu können. Vermutlich zum ersten Mal in unserem Leben! Rechtzeitig getan hilft es nicht nur mir, sondern zugleich meinem Umfeld. Mein zukünftiger? bisheriger? Arbeitgeber wird gewiss froh sein, wenn ich ihm meine diesbezüglichen Gedanken kundtue, denn so kann er zeitgerecht disponieren.

Nehmen wir einmal an, dass Sie sich dazu entschlossen haben, in Ihrem Ruhestand weiterhin zu arbeiten. Noch völlig unabhängig davon, was, wie, wo, wieviel, für welches Geld usw. – Sie wollen halt tätig sein und nicht NICHTS tun.

3.3 Ich muss nicht mehr arbeiten – aber ich darf

Gemessen an allen anderen Vorteilen ist das Dürfen bei weitem das Wichtigste, es darf kein Zwang und keine Verpflichtung für die Senioren sein. Fragen wir doch die, die es wissen sollten, ob meine Theorie, dass zahlreiche Menschen in der Pension gerne arbeiten (würden), überhaupt stimmt:

„Viele Rentnerinnen und Rentner wollen weiterhin erwerbstätig bleiben. Sie fühlen sich fit, sind tatkräftig und bringen vielfältige Erfahrungen mit"[150], lese ich beim deutschen Bundesamt für Arbeitsschutz, nicht wirklich eine kapitalistische Hochburg. Und: „Rentnerinnen und Rentner verfolgen mit ihrer Arbeit verschiedene Ziele: das Einkommen aufbessern, Erfahrungen weitergeben, soziale Beziehungen aufrechterhalten, weiterhin etwas tun, das ihnen Freude macht und das sie als sinnvoll erachten."

Ein Mann, von dem der obige Satz stammen könnte, hat in späteren Jahren seinen Sinn in einem Feld gefunden, das vor allem Damen erfreut. Nein, er wurde kein niveauvoller „Begleiter für gewisse Stunden", obwohl das ehrenwert und einträglich sein mag – kommt drauf an – er hingegen widmet sich dem Italienischen Schaumwein. Dem Prosecco der Oberklasse, dem er sich erst in seinen späten 50ern näherte – als Teil einer angepassten Lebensplanung:

Alles hat seine Zeit

„Alles hat seine Zeit" – das ist mein Lebensmotto. Als Nestflüchter war ich schon früh in der Welt unterwegs und kann mich noch heute über die Erlebnisse, Schwierigkeiten und unglaublichen Erfolge freuen. Das Leben ist voll mit Vorschlägen, wie es gelingen kann. Meine Planungsphase für Neues war stets kürzer als die Umsetzung. Das gibt Momentum, Drive und Mut. Heute mit 73 bin ich noch jung, aber mit 52 habe ich gewusst, dass ich dafür planen muss. So ist aus dem Wunsch nach einem Ferienhaus, Strohhut und Buch unter dem Olivenbaum etwas ganz anderes geworden. Nach 25 Jahren einer unglaublich erfolgreichen Karriere in der internationalen Werbung, wurde es die wunderbare Tätigkeit „im Wein", genauer gesagt „im Prosecco". Ich wurde Weinbauer im Veneto. Seit 20 Jahren und

noch immer „forever young", wie Heller[151] so schön singt. Ich habe früh begonnen zurückzugeben, 500 Jobs geschaffen und 90 junge Werber als Dozent und Gastprofessor in Österreich und Zagreb ausgebildet.

Vielleicht wird's doch noch was mit dem Strohhut unter dem Olivenbaum. Nachdem mein Prosecco Superiore DOCG schon 4 Silbermedaillen in Österreich gewonnen hat, kann ich beruhigt das Glas an junge Weinbauern weiterreichen. Diese Übung wird auch gelingen. Alles hat seine Zeit!

Zurück zur Literatur: Beim Wissenschaftlichen Dienst des Deutschen Bundestages und seinem Arbeitspapier über das Arbeiten im Alter erfahre ich unter anderem: „Aus demografischen Gründen empfehlen Arbeitsmarktexperten, auch die Erwerbstätigkeit Älterer zu erhöhen. Daher ist die Gruppe derer, die nach Erreichen der Regelaltersgrenze in der gesetzlichen Rentenversicherung weiter erwerbstätig sein möchten, von Interesse für Wissenschaft und Politik (...)."[152] Wohlgemerkt, das ist ein Papier aus dem Jahr 2013! Und – was hat die Politik in der Zwischenzeit dafür getan – in Deutschland oder in Österreich? Sehr wenig.

Und ein weiteres Zitat: „Sie wollen sich als Rentner noch nicht zur Ruhe setzen? Eine Beschäftigung hält fit und bessert die Haushaltskasse auf", rät die Deutsche Rentenversicherung, als Schöpfer von krausen Weiterbeschäftigungs-Theorien gleichfalls eher unverdächtig.

Ich gehe daher davon aus, dass viele vorhaben (weiter) zu arbeiten. Und warum? Elvira, die frühere Professorin aus Schweden, hatte ihre eigenen Gründe, vermutlich ein Gemisch aus mehreren. Wenn Sie jetzt raten müssten, was sie heute macht, kämen Sie nie drauf – wetten?

Der Neid der alten Tanten

Ich bin 1949 in Baden-Oos [Stadtteil von Baden-Baden/D] geboren. Meine Mutter ist mit mir und meinem Stiefvater 1952 nach Schweden gezogen, wo ich als 15-jährige die Familie dann verlassen habe. Ich war Göteborgs erste Pflegemutter für kriminelle Kinder. Ich habe erst als Hilfskraft in Krankenhäusern, anschließend als Krankenschwester gearbeitet. Ich bin auch Akademikerin: Ich war Hochschullehrerin und eine Zeit lang Dolmetscherin in der DDR. Eigenes Geld, eigene Wohnung, eigene Ausbildung und eigene Moral waren und sind mir immerzu am wichtigsten gewesen. In Schweden arbeiten Frauen am meisten in Europa. Die Forschung zeigt, dass man früher stirbt, wenn man mit knapp 60 Jahren in Frühruhestand geht. Ich habe vier Katzen, einen Hund, zwei Volvos, eine Stadtwohnung und eine Stuga (Häuschen) an einem großen Fluss.

Ich arbeite nun als Zeitungsbote, weil ich da keine Verantwortung für andere Menschen tragen muss. Ich laufe jeden Tag 10.000 Schritte und bin beschäftigt. Gesunde Zähne, Geld und Bewegung auch im Kopf, sind im Alter wichtig, nicht Bequemlichkeit und Fressen und Alkohol. Andere „alte Tanten" sind manchmal neidisch auf mich.

Viele Grüße aus Süd-Nordschweden!

Es gibt mannigfaltige Triebfedern sich im höheren Alter noch zu betätigen. Hier beispielhaft eine unvollständige Aufzählung. In unterschiedlicher Wertigkeit, einfach hintereinander aufgeführt. Suchen Sie sich einen Grund aus, ich bin überzeugt, es ist für Sie ebenfalls einer dabei!

Arbeiten um...

- eine Aufgabe zu haben,
- die Rente aufzubessern,
- sichtbar zu bleiben,
- der puren Freude wegen,
- sein Selbstwertgefühl zu heben,
- beizutragen,
- einen Sinn im Leben zu sehen,
- das Sozialleben zu behalten,
- stolz sein zu können,
- der Gesellschaft etwas zurückzugeben,
- Kompetenz einzubringen,
- aktiv zu bleiben,
- meine (berufliche) Identität zu behalten,
- im Team tätig zu sein,
- die Früchte meiner (noch nicht abgeschlossenen) Projekte zu ernten,
- das Hirn weiter zu fordern,
- Wertschätzung zu erfahren,
- fit zu bleiben (körperlich fordernder Job),
- mich auf etwas „hin-zu-freuen",
- der Einsamkeit zu entrinnen,
- der Langeweile vorzubeugen,
- die Gesundheit zu verbessern,
- Erfolgserlebnisse zu haben,
- den Expertenstatus zu behalten,
- die Tage zu füllen,
- Gesprächsstoff für mein Umfeld zu bekommen,
- die Gesellschaft anderer zu genießen,
- der Gewohnheit halber,
- mich lebendig zu fühlen,
- das Leben zu verlängern,
- die Macht zu erhalten,

- mit-zu-wirken,
- Neues zu lernen,
- keinen Pensionsschock zu erleben,
- sonstigen Problemen zu entkommen,
- Selbstbestätigung zu erhalten,
- das Sozialprestige zu heben,
- das Wohlbefinden zu steigern,
- Verantwortung zu haben,
- meinem Partner aus dem Weg zu gehen – zugegeben, sicher nicht der beste Punkt, nichtsdestotrotz vermutlich der ehrlichste.

Oder, wie es Stieger von seniors4success[153] einmal formulierte: „Ich wüsste keinen Grund, warum ich aufhören sollte zu arbeiten".

Ein paar allgemeine Fragen zum „späten Arbeiten"

Seniorenarbeit ist meist mit einer Reihe von Ungewissheiten verbunden. Fragen, die sich die Älteren stellen, und die – sofern sie nicht zufriedenstellend beantwortet werden – sie leider oft davon abhalten, etwas zu tun.

Finanzen die Zweite

In fast allen Diskussionen rund um das Arbeiten in späten Jahren kommt oft wörtlich, manchmal auch sinngemäß das: „Ich bin ja nicht verrückt nur für den Staat zu arbeiten – von dem, was ich verdiene, muss ich ja 70% wieder abführen." Das ist objektiv nicht ganz richtig. Sicher nicht falsch ist allerdings das Argument, dass die Abzüge zu hoch sind.

Hier will ich nun drei Varianten eines Zuverdienstes kurz beleuchten, einmal Rente plus geringfügigem Zuverdienst, einmal Rente plus Dienstvereinbarung, sowie einmal Rente plus Zusatzeinkommen als Selbstständiger. Wichtig dabei ist, dass die Darstellung stark vereinfacht ist und weder den früheren Beschäftigungsstatus berücksichtigt noch Jahresausgleiche, Absetzbeträge etc.

Grundlage ist immer eine Pension von brutto € 2.000.— und dies 14 Mal/Jahr – Beispiele aus Österreich.

Variante 0:
Rente ohne Zuverdienst. Ganz grob berechnet ergibt ein monatlicher Bruttobezug von € 2.000.— eine Nettorente von ca. € 1.667.—

Die Abzüge sind daher rund 17%.

Variante I:
Rente mit geringfügigem Zuverdienst. Monatliche Bruttorente € 2.000.— Zuverdienst € 450.— macht brutto: € 2.450.— Netto ergibt das ca. € 1.970.—.

Die Abzüge sind daher rund 20% – also nicht wesentlich höher. In Summe rund € 73.—/Monat bei einem Mehrverdienst von € 450.— .

Variante II:
Rente mit Zuverdienst als Dienstnehmer in der Höhe von € 1.000.—/Monat. Das ergibt in Summe einen monatlichen Bruttoverdienst von € 3.000.— Netto ergibt das einen Bezug von ca. € 2.254.—

Die Abzüge sind daher rund 42% – somit deutlich mehr.

Variante III:
: Rente mit Zusatzeinkommen als Selbstständiger in der Höhe von ca. € 2.000.—/Monat. In Summe also monatliche Einkünfte von rund € 4.000.— was wohl nur wenige von uns erreichen. Nach Abzug von Steuern und Sozialversicherung kriegt der selbstständige Pensionist nunmehr ca. € 2.790.—

Die Abzüge sind daher rund 56% – bedingt durch die deutlich höhere Progression.

Sicher nicht ganz richtig ist die – meist sehr emotional – angestellte Rechnung, dass man die Pension ja ohnedies bekäme, also in diesem Fall netto € 1.667.— und dass somit das Nettoeinkommen in der Variante II nur um knapp € 600.— steigt, obwohl man € 1.000.— vereinbart hat. Noch grauslicher sieht es aus, wenn man die Variante III hernimmt, und die Nettopension von € 1.667.— mit der abgabenreduzierten, ausbezahlten Summe von netto € 2.790.— vergleicht, die man trotz Zusatzeinkommen von € 2.000.— herausbekommt. Dann, ja dann könnte man meinen, dass das zusätzliche Einkommen mit rund 64% besteuert wurde...

Fazit:
„Normale" Pensionen sind mit rund 17% Abgaben versehen.

Bei einem geringfügigen Zuverdienst steigt diese Last geringfügig auf rund 20%. Verdient man rund € 1.000.— dazu, erhöht sich der Satz massiv auf rund 42%.

Bei einem Zusatzeinkommen von rund € 2.000.— werden schlussendlich ca. 56% abgezogen – fast hätte ich geschrieben: abgezockt...

Diese Fakten, mehr aber noch die gefühlte noch höhere „Besteuerung" führen dazu, dass viele ältere Arbeitnehmer erst einmal davor zurückschrecken, weiterzuarbeiten, oder in der Pension dazuzuverdienen. Erst später, sei es aus Notwendigkeit oder weil ihnen daheim die Decke auf den Kopf fällt, wiegt das Argument dann nicht mehr „soo" schwer.

Egal, ob man vor der Pensionierung Angestellter, Beamter, eventuell Unternehmer war und nun etwas dazuverdienen möchte, Pensionisten können jederzeit als Selbstständige arbeiten. Eine Firma gründen, sei sie groß oder klein, z.b. als ein EPU. Die Abkürzung für Ein-Personen-Unternehmen, oft Ich-AG genannt.

Selbst – und ständig

Die grenzenlose Freiheit, der eigene Herr zu sein – und natürlich genauso die eigene Frau – macht auch vor den Alten nicht halt. Viele Ärzte eröffnen nach ihrer Pensionierung eine neue Praxis – egal, ob sie vorher im Krankenhaus gearbeitet haben, oder weil ihnen die Krankenkasse (oder ist es die Ärztekammer?) ihre vormalige aus Altersgründen geschlossen hat. Menschen, die in welchem Gebiet immer, Fachkenntnis anbieten können und vermuten, dass es hierfür einen Markt gibt. Der wäre wichtig, da sonst das Unterfangen von den Finanzbehörden als Liebhaberei eingestuft würde, was massive Nachteile nach sich zöge. Einer, der beispielhaft dafür herhalten kann, ist Hermuth Müller.[154] Nicht unbekannt als Filmschauspieler, hat er doch in verschiedenen Tatort-Serien mitgespielt, galt seine Leidenschaft schon von Kindesbeinen an Motoren und Renn-Gefährten. Der gelernte Buchdrucker beschloss in späten Jahren ein eigenes Motorrad zu bauen, und wie im Fachmagazin Oldtimer Markt[155] nachzulesen, mit einigem Erfolg. Der heute 81-Jährige sucht noch die ideale Lösung für die Vorderrad-Gabel an Zweirädern – wüssten Sie zufällig eine?

Kann ich, wenn ich möchte, länger in meinem Betrieb bleiben?

Nein, nicht grundsätzlich. Als Freiberufler oder Unternehmer können Sie natürlich endlos weiterarbeiten. Sofern Sie jedoch einen Boss haben (außer Ihrer Frau, dem Finanzamt und dem lieben Gott – die Reihenfolge kennen nur Sie), nicht automatisch. Der muss nämlich einverstanden sein. Das ist so eine Sache: Eigentlich sieht das nach Altersdiskriminierung aus, denn wenn ich mir nichts zuschulden kommen lasse und gute Arbeit leiste, warum muss ich mit 65 in Pension gehen? Auch dazu gibt es bereits umfangreiche Gerichtsentscheide.

Bei einem Streitfall ging es z.B. um die Zwangspensionierung eines Piloten – da entschied der Europäische Gerichtshof, dass dies keine Diskriminierung wäre – allerdings wegen des höherwertigen Schutzinteresses der Flugsicherheit![156] Doch sogar einer Reinigungskraft wurde verboten länger als bis 65 zu arbeiten[157] – hier war doch keine Flugsicherheit in Gefahr!? Freilich, wenn man bedenkt, was so ein frisch polierter Marmorboden alles anrichten kann – nein, der Tarifvertrag war's, in dem das Ende des Arbeitsverhältnisses festgehalten stand. Der erwies sich als stärker als die (vermeintliche) Diskriminierung. So entsprechen die Urteile keineswegs unserem Rechtsgefühl, vielmehr entsteht der Eindruck, dass eher formaljuristisch geurteilt wurde. Ich bin überzeugt – there's more to come!

Um gleich beim Englischen zu bleiben, kann ich noch eine Geschichte von meinem englischen Freund Kevin beisteuern, der sozusagen sein eigener Nachfolger wurde:

Life is great

Fortunately, I am still fit and 72 years young and I still manage to keep up with my young friends on my KTM Enduro bike. I own and run what I'm told is an internationally respected classic car restoration company, I'm still quite practical and capable. But – I was contemplating retiring from business.

Then I got a phone call from a guy in Scandinavia who had been following our company's progress for years. He told me that he had recently bought a Ferrari and that it was on route to us, and I didn't have the heart to tell him that I was closing my business after forty years. I just couldn't disappoint him and so we went on to build him a stunning car which has turned around our fortunes and opened up international opportunities for our company which continue to keep us vital.

Oh yeh, I forgot to mention, following an eight-week COVID-19 lockdown I got rid of all and any negative influences in my life; and let me tell you: Life is great, I just wish that I had all this knowledge and experience when I started out!

Gehen wir nun davon aus, dass viele Rentner aus unterschiedlichsten Gründen weiterarbeiten wollen. Und eine, vermutlich deutlich unterschätzte Gruppe von Menschen möchte vorerst einmal nicht. Wenn dann ein, zwei Jahre vergangen sind, würden manche aber schon gerne wieder. Wenn ihnen zu Hause die Decke auf den Kopf fällt oder sie von ihrem Partner mit Nachdruck darauf hingewiesen werden, dass ihr dauerndes Zuhause-Herumhocken nervt. Wenn sie vielleicht doch mit der Rente nimmer auskommen – warum auch immer.

Erneuter Einstieg?

Mehr zum Thema „Bumerang-Mitarbeiter" lesen Sie im zweiten Teil des Buches. Dass es leider oft zu spät für eine Rückkehr ist, musste Barbara erfahren, die sich beruflich ihr halbes Leben lang um behinderte Kinder kümmerte. Hut ab!

Was wollen Sie – zurück zur Arbeit?

„Gratuliere, du kannst in Pension gehen!" Das hörte ich während des letzten Arbeitsjahres oft. Ich schlug ‚ihnen' jedoch ein Schnippchen, da ich noch ein weiteres Jahr dranhängte. Ich arbeitete gerne weiter, und freute mich an den täglichen Herausforderungen. Dann aber war es so weit. Ich verabschiedete mich wirklich in den Ruhestand.

Die folgenden Wochen klapperte ich Verwandte und Bekannte ab, um mir meine Unruhe nicht eingestehen zu müssen, und mich von dem abzulenken, was in den kommenden Monaten passieren wird. Welche sinnvolle Beschäftigung wäre angesagt? Mittagessen kochen, Hundespaziergänge, Freunde treffen, Fitness soll ja der Lebensinhalt schlechthin sein, bis zum Tod?! Nach ein paar Monaten raffte ich mich auf und telefonierte mit meiner früheren Chefin. Leichtes Magensausen und Spannung hatte ich schon, wie sie auf das Anliegen reagieren würde. Ich stellte die wichtige Frage, ob ich nämlich wieder in mein vertrautes Berufsfeld zurückkommen könnte. Sie verneinte, bot mir stattdessen aber eine Tätigkeit an, die für mich inakzeptabel war. Na dann...

Weiterhin kreisten meine Gedanken um eine sinnvolle Betätigung, das Gefühl „nur" für die Familie da zu sein, schien ziemlich trostlos. Ich war schließlich nicht bereit zu kapitulieren. Es musste doch etwas oder jemanden geben, der mich brauchen kann! „Durchs Reden kommen die Leut' zusammen", dachte ich mir. Und: Eigenwerbung ist das Stichwort. Reger Austausch im Freundeskreis, zuhören, Anregungen ausloten. Mir selbst Mut machen, dass sich eines Tages das Passende finden wird, mir zufällt. Hilfreich dabei sind Geduld und die Gewissheit, nichts erzwingen zu können.

Wie die Geschichte ausging? „In Progress", würde ich sagen, „in Progress". Ein schönes Beispiel, das mich ratlos zurücklässt. Denn für Barbara gab's keine Möglichkeit mehr, selbst mit reduziertem Gehalt wieder einzusteigen. Noch dazu in einen Sozialberuf, bei dem die Absenz von zwei Jahren überhaupt keine Rolle spielen dürfte. Dabei könnte es so unkompliziert sein! Barbara betreute in ihrer aktiven Zeit gleichzeitig fünf behinderte Kinder! Jetzt wäre allen geholfen, hätte sie auch nur eines oder zwei gehütet, hüten dürfen. In welch seltsamer Welt leben wir?
Selbstverständlich wäre es unvollständig, wenn ich ausschließlich die Vor- und keine Nachteile des Arbeitens im Ruhestand auflistete. Daher auch ein paar Schattenseiten:

- die Besteuerung,
- eine nicht immer gute Bezahlung,
- ein erneuter oder erstmaliger Kontakt mit dem Finanzamt,
- Gebrechlichkeit verhindert manchen Job,
- die Gewerkschaft/Arbeiterkammer ist dagegen,
- die Politik ebenfalls,
- der Gruppendruck: „Genieße, statt zu arbeiten",
- das Nicht-Loslassen-Können,
- möglicher Stress,
- vielleicht Unverständnis der Familie,
- fehlende Zeit für anderes,
- ein Ende ist möglicherweise nicht abzusehen
- ... und jetzt fällt mir nix mehr ein.

Selbst wenn weitere negative Punkte hinzukämen, so spricht meiner Meinung nach mehr, viel, viel mehr für ein Arbeiten in der Pension als dagegen.

Sollten Sie Job-Ideen benötigen, hier wären ein paar weitere: Handyman, Dozent oder Büroassistent – Sie erinnern sich sicher an Robert De Niro in seinem wunderbaren Film „The Intern" (Ihnen vermutlich auf Deutsch unter dem Titel „Man lernt nie aus" bekannt), machen Sie es ihm nach: Übersetzer, Testkunde, Concierge in einem Hotel, Berater, Lehrender usw. usf.

Junge Leute leiden weniger unter eigenen Fehlern als unter der Weisheit der Alten[158]

Wenn wir älter werden, ergibt es sich zwangsläufig, dass wir mit Jüngeren zusammen arbeiten. Meist sind unsere Chefs jünger, oft sogar blutjung. Das beinhaltet zusätzlich zur Herausforderung des Jobs eine Reihe von weiteren Belastungen – für alle Beteiligten.

Jemand, für den das überhaupt kein Problem bedeutet, ist Lorenzo. Offiziell ist sein Sohn der Chef – offiziell. Es ist eine wunderbare Sache, ihm zuzusehen, wie er unermüdlich um seine Gäste herumscharwenzelt[159], hier einen Witz macht oder dort einer Dame den Hof. Deren Begleiter fühlen sich dennoch kaum gefordert vom „Rivalen", sie hätten überdies keine Chance. Denn „Krieger" wissen, wann sie passen müssen…

Alles, was Spaß macht, hält jung[160]

„Ob ich was an meinem heutigen Leben ändern will?", wiederholt Lorenzo Facco die Frage, „nichts. Gar nichts. Schauen Sie, ich bin fast 88 Jahre alt, habe eine wunderbare Familie, die ich täglich sehe, und ich treffe jeden Tag Leute. Täglich um sechs

Uhr stehe ich auf und fahre in unser Restaurant. Ich lebe nämlich auf dem Land, müssen Sie wissen." Seine Augen blitzen vergnügt und es ist ihm anzusehen, dass er frohgemut an seinen Tagesablauf denkt. Ob er bereits in Pension wäre? „Natürlich, seit über zwanzig Jahren", erzählt er stolz, und ob er nie daran gedacht hätte, sich zur Ruhe zu setzen? „Warum sollte ich? Schauen Sie", meinte er wieder, „als ich sechzig wurde, kaufte ich das Lokal hier. Davor hatten Albina, meine Frau, und ich es nur gemietet. Und dann haben wir beschlossen etwas Eigenes zu gründen". Daraus wurde ein Restaurant namens „Siora Rosa"[161], mitten in Triest. Hausmannskost wird angeboten, und freitags gibt's Fisch. Ein Familienbetrieb, der inzwischen offiziell vom Sohn Maurizio geführt wird und in dem seine beiden Töchter Monica und Morena kochen und servieren. Die „Mamma" (83) kommt stundenweise und macht die Buchhaltung – mitten unter den Gästen, und das mit modernstem Apple-Laptop!

Ob sich für Lorenzo das Dasein geändert hätte, nachdem er in Rente gegangen war? „Nichts", feixt Lorenzo verschmitzt, „früher hat meine Frau angeschafft, und sie tut es heute noch – alles ist gleichgeblieben". Warum er weiterarbeite, er könne sich jetzt ein gutes Leben machen, gearbeitet habe er ja genug? Im Liegestuhl liegen, sich ausruhen, einfach nichts tun? „Um Gottes Willen! Hier habe ich jeden Tag eine Aufgabe, habe Freude an dem, was ich tue und treffe Menschen".

Was er denn Leuten empfehlen könnte, die kein Restaurant haben, in dem sie weiterarbeiten können, keinen Betrieb, den die Familie weiterführt? Wenn ein Job still und heimlich zu Ende geht? Lorenzo zeigt, welch wahrer Philosoph in ihm steckt:

> „Kauf dir ein Stück Land, oder wenn du zu wenig Geld
> hast, miete eines. Pflege es und baue irgendwas darauf
> an. Es ist völlig unwichtig, ob du dabei Fehler machst,

und ob da alles so wächst, wie du willst, denn du musst davon ja nicht leben". Lorenzo Facco

Bei Familienbetrieben liegt es in der Natur der Sache, dass mehrere Generationen zusammen arbeiten. Bei anderen Firmen, egal ob z.B. im Betrieb oder an der Baustelle, müssen die Beteiligten lernen miteinander umzugehen. Bei meiner Recherche bin ich auf diesen wunderbaren Blog der Autorin Jessika Fichtel gestoßen, er nennt sich instaffo:

Die 7 goldenen Regeln für die produktive Zusammenarbeit zwischen Alt und Jung[162]

Damit der Generationenkonflikt im Büro überwunden wird, ist es wichtig, dass sich alle Beteiligten an ein paar grundlegende Regeln halten:

Das mit-einander Reden, keinesfalls über-einander. Missverständnisse können eher vermieden und gemeinsame Lösungen leichter erarbeitet werden. Das Akzeptieren der Ansichten und Einstellung des anderen, jede Generation hat unterschiedliche Wünsche und Vorstellungen. Kompromisse, sie sind wesentliche Teile unseres Zusammenlebens. Besonders im Beruf. Voneinander lernen, Vielfalt ist das ‚Salz in der Suppe', ebenfalls beim Arbeiten. Nicht immer waren die althergebrachten Ideen die besten. Respekt, heute würde man sagen: Wertschätzung, das Agieren auf Augenhöhe, heißt eines der Geheimnisse. Und letztendlich: Keine Angst vor sachlichen Konfrontationen.

Klingt alles gut, ist in Wirklichkeit allerdings selten zu erreichen. Schauen wir uns am Beispiel der Trainerin und Vortragsrednerin Rita an, wie es so gar nicht laufen sollte – hoffentlich eine Ausnahme:

Respekt?

2019 wurde ich im Rahmen einer Bildungskonferenz eingeladen, einen Kurzworkshop zum Thema „Generationen-übergreifendes Lernen" zu halten. So weit, so gut. Der Veranstaltungsort zeichnete sich durch ein kunstvolles Ambiente aus, weshalb ich auch nicht auf die Idee gekommen bin, dass mein Workshop im Klassenzimmer einer 1. Klasse Grundschule stattfinden sollte. Die kindlich-naive Gestaltung und den ungereinigten Raum empfand ich als unangemessen, aber darüber ließe sich noch hinwegsehen. Problematischer waren allerdings die kleinen Stühle, die schon für junge Erwachsene ziemlich unbequem schienen, und erst recht für Menschen 60plus.

Ich wandte mich diesbezüglich an einen der Organisatoren. Er war im Gespräch mit ein paar Enddreißigern. Nachdem ich mein Anliegen vorgetragen hatte, und ihn bat, man möge mir einen anderen Raum zur Verfügung stellen, wurde ich süffisant belächelt und ein Mann aus der Runde gab zum Besten, dass auch Alte mal zwei Stunden im Stehen arbeiten könnten. Die Gruppe nickte zustimmend. Diese Dreistigkeit verschlug mir die Sprache!

Angesichts des Vortragsthemas an Ironie kaum zu überbieten. Damit allerdings nicht nur ein negativer Eindruck bleibt – hier noch eine weitere Geschichte von Rita, diesmal mit positiven Erinnerungen.

Glücklicherweise gibt es andere Erlebnisse, die das genaue Gegenteil verdeutlichen.

Ich war im SWR-Studio in Freiburg, um ein Interview für den Bayerischen Rundfunk zu geben. Es ging um den Umgang älterer Menschen mit Fake News, Digitalisierung und Datenschutz. Das Gespräch dauerte etwa 45 Minuten. Als ich gerade gehen wollte, kam einer der jungen Techniker auf mich zu, um mir seine Begeisterung über meine Aussagen mitzuteilen. Er schlug mich seiner Redaktion für einen Talk im SWR vor. Eine Stunde mit Publikum live im SWR-Studio Freiburg. Die Veranstaltung wurde außerdem als Video- und Audio-Podcast aufgezeichnet. Die Moderatorin hat mich respekt- und liebevoll mit ihren Fragen zur Höchstform angespornt.

So klein und schon ein Job

Viele Rentner gehen sogenannten geringfügigen Beschäftigungen nach, auch Mini-Jobs genannt. Sie sind finanziell limitiert und erlauben meist nur eine gewisse Stundenanzahl. Ein klein wenig voneinander abweichend in Deutschland und Österreich, in ihrem Wesen jedoch sehr ähnlich. Die Besteuerung ist gering, wenn überhaupt, und als Versicherung gibt es ausschließlich eine Unfalldeckung. Ein Effekt auf das Wohlbefinden oder die Rentenaufbesserung ist trotzdem gegeben. Viel mehr noch als bei uns haben sich diese Mini-Jobs in der angelsächsischen Welt sowie in Japan durchgesetzt. Dort liegt es hauptsächlich an der konfuzianischen Tradition, so lange als möglich zu arbeiten, überdies an der schieren Notwendigkeit, im Alter dazuzuverdienen.

In den USA gibt es kein festes Pensionsalter wie bei uns. Die meisten werken einfach, solange es geht, denn erst mit 62 zahlt die Rentenkasse überhaupt, die staatliche Krankenversicherung Medicare ab 65, und bis 70 wird das Arbeiten außerdem kräftig gefördert. Daher sind Senioren noch viel öfter als bei uns in den verschiedensten Jobs zu finden. Und begehrte Mitarbeiter für ganz bestimmte Berufsfelder. Bei capital.de lesen wir dazu: „McDonald's inseriert seine Sommerjobs neuerdings auf den Netzseiten der AARP, der wichtigsten Senioren-Lobbygruppe. Die Fast-Food-Kette setzt auf den veränderten Lebensrhythmus der

Älteren – kurz: die senile Bettflucht. Junge Arbeitskräfte, heißt es in den Anzeigen, seien morgens oft in der Schule – oder es fehlt ihnen an Begeisterung für die Fünf-Uhr-Frühschicht."[163]

Hier ein Beispiel, nicht von McDonald's, sondern von Wal-Mart[164], wo man genauso auf die fleißigen Alten setzt. Charley bekam dort trotz seines fortgeschrittenen Alters einen Job und war glücklich. Nur...

Yes Sir!

Charley, a new retiree-greeter at Wal-Mart just could not seem to get to work on time. Every day he was 5, 10 or 15 minutes late. But he was a good worker, really tidy, cleanshaven, sharp-minded and a real credit to the company and obviously demonstrating their "Old Person Friendly" policies.
One day the boss called him into the office for a talk. "Charles, I have to tell you, I like your work ethic, you do a bang-up job when you finally get here, but your being late so often is quite bothersome."
"Yes sir, I know, and I am working on it."
"Well good, you are a team player. That's what I like to hear".
"Yes sir, I understand your concern and I'll try harder".
Seeming puzzled, the manger went on to comment "It's odd though you're coming in late. I know you're retired from the Armed Forces. What did they say to you there if you showed up in the morning so late and so often?"
The old man looked down at the floor, then smiled. He chuckled quietly, then said with a grin. "They usually saluted and said: ‚Good morning General, can I get your coffee, sir?"[165]

Ein paar weitere Beispiele, wenn Sie nicht so früh aufstehen wollen? Lagerarbeiter, Zusteller, Aushilfe bei Tankstellen, Hilfe im Haushalt, Fahrradkurier, Barkeeper, Babysitter, Werbemittel-Vertreiber, Baustellen-Schild-Wender, Dogwalker, Fahrzeugübersteller, Abwesenheits-Blumen-Gießer, Rasen-Mäher, Autowäscher, Verkäufer, Haushaltsauflöser, Pflegehelfer, Berater usw. Angenommen Sie sind ein Opernliebhaber, so organisieren Sie doch Busfahrten zu umliegenden Opernhäusern[166] und geben Sie während der Fahrt die Einführung ins Stück.[167]

Allein auf der Plattform joblift[168] werden jeden Tag rund 20.000 Mini-Jobs angeboten, wenngleich ich manchen davon lieber nicht haben wollte. Medikamententester zum Beispiel oder Nachttaxifahrer, auch Deodorant-Wirkungs-Tester würde ich für mich auslassen.

Einer, der nicht ganz so früh aufstehen muss, ist Michael, der glückliche Rentner mit einem Hang zum besseren Leben. Unter einem Schloss macht er es selten:

Nach unzähligen Jahren in verschiedensten Tätigkeiten, im Fahrzeugbau, im Ölgeschäft, beim Champagner verkaufen, oder auch Golfschirme, Parksysteme bis hin zur Kindergartenausrüstung, und 3 Millionen Außendienst-Kilometern, ist eine tiefe Kundenbindung starke Motivation, den täglichen Bewegungs-Rhythmus beizubehalten; seit dem 65er reduzierter und befreiter, drucklos und selbstbestimmt.

Diese langjährige Erfahrung mit Menschen der verschiedensten Typen stellt einen wahren Schatz dar, der langsam in den Hintergrund gerät. Damit er nicht völlig verschwindet, gibt's nur eins – nützen! Ich tue es, und sitze oft und gerne auf Ausstellungen in Österreichs Schlössern und Gärten und verkaufe edle Produkte [teure Gartenmöbel, hippe Accessoires für den Außenbereich], anstatt als Pensionist im Wirtshaus zu "versanden".[169]

Der Umgang mit Menschen aus der langjährigen Verkaufstätigkeit ist vielfach gefragt, die Tätigkeit macht Spaß, und man bessert sich sein ‚arbeitsloses Einkommen' auf! Der Job hält mich fit und bereitet mir Freude. Was will ich mehr?

Der puren Freud' wegen

Und dann gibt es jene Tätigkeiten, für die man ein bisschen Geld bekommt. Die zwischen dem Dienst für die Allgemeinheit und einem „richtigen Job" angesiedelt sind. Es fallen mir folgende Beispiele ein, und da sie in deutlich höherem Ausmaß von weiblichen „Engeln" durchgeführt werden, verwende ich hier ausschließlich die weibliche Bezeichnung:

- Kultureinrichtungs-Betreuerin
- Leih-Oma (oder) Leih-Opa
- Granny-Au-Pair
- Gesellschafterin
- Vorleserin
- Einkaufs-Helferin
- Pflege-Helferin

In diese Gruppe habe ich auch die Granny-Au-Pairs gesteckt, da diese Tätigkeit in der Regel kaum entlohnt, sondern nur mit Taschengeld verbunden ist. Die Hin- und Rückwege werden oft bezahlt, ebenso die Lebenshaltungskosten. Maßgeblich ist den Ersatzgroßeltern, soweit ich herausfand, nicht die Besoldung, sondern der soziale Anspruch, etwas beizutragen und auch der Umgang mit Menschen. Schön zusammengefasst, sicher mit Hintergedanken, finden wir diese Mutmacher bei der Vermittlungsplattform granny-aupair:[170] „Die Kinder sind aus dem Haus, die Pensionierung wurde gebührend gefeiert, der Keller ist aufgeräumt und der Garten bereits tipptopp in Ordnung gebracht – und nun? Starten Sie mit Granny Aupair noch einmal neu durch und erfüllen Sie sich Ihren Traum vom Leben im Ausland".

Ganz ohne Organisation im Rücken würde ich das Risiko keinesfalls eingehen. So gibt es damit ein gewisses Netz, Hilfe im Notfall und Unterstützung, sollte es vor Ort nicht klappen. Leih-Oma-/Leih-Opa-Dienste sind durchaus im Kommen. Die Eltern der Kleinen haben oft keine Zeit, sich um ihren Nachwuchs zu kümmern, und wer könnte das besser als Großeltern mit dementsprechender Erfahrung.
Zum Thema Kultur-Einrichtungen und dort tätigen, betagten Menschen muss ich unbedingt diese Geschichte erzählen. Sie ist ein weiteres Eigenzitat aus meinem Buch „Ich muss fast nichts und darf fast alles".[171] Einerseits, weil die Situation als solche so nett war, und andererseits, da die beteiligte Dame mir eine solche Inspiration war, dass ich – nicht zuletzt nach diesem Erlebnis – beschloss, mich mit der Frage von „Arbeiten im Alter" auseinanderzusetzen:

Das Geheimnis des Könnens liegt im Wollen[172]

Ich erinnere mich an eine entzückende Dame namens Rosie, die, herausgeputzt wie aus dem Schächtelchen, in der ‚Art Gallery of New South Wales' in Sydney an der Kassa stand. Bedächtig und ganz genau gab sie das Wechselgeld heraus, entwertete mein Ticket und lächelte mich strahlend an.

„Entschuldigen Sie meine Unhöflichkeit", sagte ich, „aber müssen Sie in Ihrem Alter noch arbeiten?" „Nein", antwortete sie, „ich darf!" Auch die hinter mir Stehenden waren bereits aufmerksam geworden. „Wissen Sie, übermorgen feiere ich meinen 90er, und an zwei Tagen jeder Woche darf ich hierherkommen und mittun". „Und – bezahlt man Sie?" „Nein", sagte Rosie und lächelte, „man gibt mir gerad' einmal das Fahrtgeld, ich würde jedoch da-

für sogar selbst bezahlen". Und weiter "schon am Vortag richte ich alles her, sodass ich morgens zeitgerecht fertig bin. Am Tag danach kann ich meinen Freundinnen berichten, wen ich diesmal getroffen habe. Morgen werde ich von Ihnen erzählen".[173]

Bei Rosie bin ich mir nicht so sicher, ob das, was sie tut, Arbeit ist, eine Beschäftigung oder gar ein Dienst an der Allgemeinheit. Vermutlich von allem ein bisschen. Andere hingegen betreiben eindeutig ein Ehrenamt. Im ursprünglichen Sinn eine öffentliche Funktion, heute aber mehr eine Freiwilligentätigkeit.

3.4 Das Ehrenamt

Dort, wo die Obrigkeit versagt, dort, wo sie vermeintlich nicht hinsieht, oder dort, wo von ihr wenig zu holen wäre, ja dort gibt es einen besonderen Schlag von Menschen – die einfach helfen. Johann Wolfgang von Goethe (1749-1832)[174] hat es so ausgedrückt:[175]

> Soll dich das Alter nicht verneinen,
> so musst du's gut mit andren meinen,
> musst viele fördern, manchem nützen,
> das wird dich vor Vernichtung schützen.

Von Vernichtung wollen wir in diesem Zusammenhang zwar nichts hören, mehr von den Gründen, aus denen manche Leute sich der Allgemeinheit zur Verfügung stellen. Vermutlich aus einer Reihe unterschiedlichster Motive: Der Gesellschaft etwas zurückzugeben, mag ein wichtiger sein, schließlich auch um selbst glücklich zu sein. Helfen macht einfach Freude, die positiven Rückmeldungen erzeugen bisweilen richtige Glücksgefühle. Zu „tun", kann Sinn stiften, Selbstbestimmung bedeuten oder Halt spenden. Meist im Team durchgeführt, erzeugt das Geben ein Gemeinschaftsgefühl und stärkt das Selbstbewusstsein aller.

Sogar für ihren ausgeübten Beruf können viele Noch-Aktive von diesem Tun profitieren.

Beispielhafte Tätigkeiten? Arbeiten mit, bei, für oder als: Lesepaten im Förderunterricht für Volksschüler, bei Tierschutz- oder Rettungsdiensten helfen. Badewächter werden, Geld sammeln für gemeinnützige Vereine. Aber selbst Missionsdienst oder Ärzte ohne Grenzen kommen infrage. Beide Dienste werden gebraucht, in wechselnder Reihenfolge. Sportvereine benötigen gleichfalls Helfer. Ebenso die freiwilligen Feuerwehren, sie nehmen nicht nur Jugendliche auf. Dringend auf der Gesucht-Liste stehen Schülerlotsen. Wer's geruhsamer angehen will: Bastel-, Näh- und „how-to"-Kurse sind zunehmend gefragt.

Ein Aufgabenkreis, der verstärkt, vermutlich bald händeringend gesucht wird, ist jener der Pflegerinnen. Ob eine Heerschar an Freiwilligen da wird beispringen können, bezweifle ich. Derzeit bedeuten Helferinnen aus dem nahen Ausland die Stütze dieses Teils des Gesundheitswesens, nur, wie lange noch? Oft mangelt es an Sprachkenntnissen, und die Frauen haben einen so völlig anderen sozialen Hintergrund, dass ein richtiges Gespräch mit den Gepflegten schwierig bis fast unmöglich ist.

Dabei wäre es so wichtig, sich auszutauschen. Über familiäre Zustände, über Politik, über ein Buch oder über einen Film zu sprechen. Jene, die einer Betreuung bedürfen, wären manchmal froh, über anderes als ihre Eingeschränktheit zu reden oder allenfalls, was es heute zu essen gibt. Stattdessen ein niveauvoller Dialog „von Mensch zu Mensch". Jemand, der mit ihnen spielt, ihnen vorliest, einen Witz erzählt. Mit Herz und Verstand. Oder sie zu Veranstaltungen begleitet, mit ihnen zum Friseur geht oder, sofern das noch möglich ist, sogar auf Reisen. Daher mein Appell: Lasst die Gesellschafterin wieder aufleben!

Auch anderwärtig „helfende Hände" sind gute Beispiele, wieviel mit geringem Aufwand erreicht werden kann: Oft deutlich verbesserte Lebensverhältnisse anderer, manchmal „nur" leichtere Verständigungsmöglichkeiten. Ilse etwa, eine pensionierte, nichtsdestotrotz überaus engagierte Lehrerin an einer Elementarschule, und Heinz, vormals Fahrschulbesitzer und Unternehmensberater, derzeit Berufsvolontär, sind solche Vorbilder.

Gar nicht so wenige der Personen, die eine andere Muttersprache sprechen, wollen unser – kompliziertes – Deutsch lernen, um sich besser zu integrieren. Zu ihrem und unserem Glück gibt es Menschen wie Ilse, Nigerias wichtigste Deutschlehrerin.

Im Deutschkurs einmal um die ganze Welt

Nach 40 Jahren als Volksschullehrerin ging ich mit 60 in Pension. Endlich konnte auch ich im November oder Mai reisen. Mein Mann und ich nutzten es gleich intensiv. Dazwischen fand sich Zeit für Dinge, die ich schon immer tun wollte. Ich belegte z.B. Zeichenkurse und lernte Sprachen. Eine Kollegin im Italienischunterricht erzählte mir, dass sie Deutschunterricht für Kinder mit nichtdeutscher Muttersprache anbietet. Die Idee gefiel mir, daher bewarb ich mich beim Verein IKEMBA.[176] Es war von Beginn an eine inspirierende und befriedigende Tätigkeit.

Als ich merkte, dass die Mütter meiner Schützlinge den viel größeren Bedarf an Unterricht hatten, bot ich vormittags einen Kurs für Frauen an, während deren Nachwuchs in der Schule war. Aus dieser Übung wurde dann ein gemischter Lehrgang mit Teilnehmern aus aller Herren Länder. Ähnlich wie auf Reisen gab es hier Gelegenheit, aus der eigenen Blase auszubrechen, auch andere Lebensentwürfe, Meinungen und Geschichten kennenzulernen, wie z.B. unser Freund Samuel aus Ghana, ein mächtiger, aber schüchterner Mann, der sich überreden ließ, christliche Spirituals zu singen;

da filmten die muslimischen Kursteilnehmer mit den Handys, und Samuel bekam Standing Ovations.

Mit solch berührenden Momenten wurde ich belohnt und vermisse diese Stunden jetzt in der Corona-Zeit wirklich. Mir fehlt das Gekicher, der internationale „Schmäh" samt mitgebrachter picksüßer, orientalischer Köstlichkeiten. Kulturclash kann richtig Spaß machen! Sobald es geht, werde ich meine wöchentlichen „Reisen" in diese spannenden Lebenswelten wieder aufnehmen.

Heinz hingegen, ein Mann der Tat und kaum der Worte ;-), hat mit oder ohne seine Lions immerfort zu tun. Manchmal hilft er nur Tische abwischen, wie bei den EuroSkills[177], manchmal rettet er die Welt.

Wasser hat keine Balken

Livinus ist Gründer von IKEMBA und Obmann des Vereines ‚Outreach-Worker'[178], das sind Migranten, die in ihre Communities gehen, um die Menschen zu motivieren, sie zu fördern. Er ist Nigerianer und promovierter Soziologe; er kam vor mehr als 30 Jahren nach Österreich, wo er eine Familie sowie einen Pfarrer fand, die ihn bei seinem Werdegang unterstützten.

Meine Frau arbeitet für diesen Verein als Deutschlehrerin [siehe oben], auch ich unterstütze ihn nach Kräften. Eines Tages spricht Livinus mich auf meine Zugehörigkeit zum Lions Club an und fragt, ob ich mich für einen Brunnen in seinem Heimatort in Nigeria einsetzen würde.[179] Dieser würde 10.000 Menschen ersparen, aus dem sechs Kilometer entfernten, schmutzigen Bach Wasser zu holen. Ich bejahe und nach einiger Zeit überreichte Livinus mir einen Projektplan, der in seiner Genauigkeit als ein Beispiel für Projektpläne im Allgemeinen gelten könnte. Er stellte ihn in meinem Lions Club vor, aber die Projektsumme von €

23.000 schien doch zu groß, um sie durch einen einzigen Club-Standort zu finanzieren. Wir fanden jedoch Partnerclubs, die jeder weitere € 1.000 beisteuerten. Selbst damit hatten wir erst einen Teil der Summe zusammen. Livinus gelang es dann, beim Land Steiermark und „Fair Styria" die noch fehlenden Gelder zu bekommen.

Kurz und gut – das Geld floss, Livinus reiste nach Nigeria und kaum drei Wochen später floss das Wasser ebenfalls. Das Geld reicht sogar für die komplette Infrastruktur samt Solarzellen für Pumpen und fünf Wasserhähnen, und es wurden auch gleich Verantwortliche für die Wartungsarbeiten eingesetzt. Jetzt prangt ein Schild des Landes Steiermark sowie des Lions Clubs Graz auf „unserem" Brunnen – und wir freuen uns am guten Gefühl, etwas beigetragen zu haben. Mittlerweile überlegt das Dorf, Toiletten für die Schule zu bauen. Daneben und vermutlich ebenso wichtig, wurde eine Gruppe von Lehrern motiviert, ansässige Jugendliche davon abzuhalten, dem schier unerfüllbaren Traum von Europa nachzulaufen.

Alle von hier aus Beitragenden wurden zum Landeshauptmann der Region Alaocha[180] eingeladen, schlussendlich flog aber nur Livinus. Uns wurde stattdessen ein Empfang bei Nigerias Botschafterin organisiert.

Sauberes Wasser – eine Selbstverständlichkeit für uns, und doch in manchen Regionen der Welt immer noch eine Ausnahme. Ganz zu schweigen von medizinischer Versorgung, so, wie wir uns das vorstellen. Ärzte, die das natürlich wissen, verwenden zuweilen einen Teil ihres Ruhestands dafür, in ebendiesen Gegenden auszuhelfen.[181] Sofern sie ihr spätes Betätigungsfeld jedoch in einem spezialisierten Feld sehen, zum Beispiel als Rennärzte, bleiben sie näher bei ihren Patienten, selbst wenn die ganz schön schnell unterwegs sind. Gerry, emeritierter Primarius der internen Medizin, kann derart wunderbar Wissen, Hobby und altruistische Ader kombinieren.

***Das Leben muss nicht einfach sein, vorausgesetzt, es ist nicht leer*[182]**

30 Jahre als Vorstand und ärztlicher Direktor eines Gemeindespitals, nebst einer Kassenordination, ein Workaholic eben. Es war eine herrliche Zeit, in der sich das Krankenhaus-Wesen total umstrukturierte, moderne Medizintechnik geboren wurde, und somit die generelle Versorgung der Bevölkerung einen wichtigen Impuls bekam.

Freilich hast du dadurch sowohl lokal als auch überregional einen Bekanntheits-, vielleicht auch Beliebtheitsgrad. Du verlierst jedoch nach der Emeritierung deine tolle Mannschaft, was dir immer bleibt, ist dein Netzwerk. Dieses kannst du nicht einfach weglegen und glauben, nur noch Golf zu spielen oder zu reisen. Nein, dein Netzwerk bewegt dich! Du wirst gebeten, Befunde zu kontrollieren, Termine für MR, CT u.a. zu organisieren, und auf einmal ist der Tag, die Woche, sogar die Monate vorbei.

Und so habe ich eine liebenswürdige Einladung angenommen und wurde bei der Formel 1 als „MEDICAL DOCTOR des Formula 1 Grand Prix Driver's Club"[183] engagiert und betreue dort Ex-F1-Fahrer samt deren Clubs. Ich bin heute mit jenen, die ich einst bewunderte, ja verehrte, eng befreundet und treffe sie ein- bis zweimal pro Jahr. Egal ob mit Hans Hermann als Ältestem der Crew oder mit der „Jugend", wie Alain Prost, heute auch nicht mehr jung, alle verstreut über die ganze Welt. Vor drei Jahren adelten sie mich sogar zum „Honorary Member", welch Ehre für mein Motorsportherz.

Wenn sie mich braucht, bin ich noch beratend bei meiner Tochter, der Landärztin tätig, und daneben betreue ich Österreichs Ex-Rallye- und Rallyecross-Elite. Damit mir nicht langweilig wird, genieße ich es bei Oldtimer-Rallyes neben meinem Enkel zu sitzen, pflege mein kleines Automuseum, spiele Golf und versuche meinen doch langsam älterwerdenden Körper sportlich aufrechtzuerhalten.

Bleibt gesund!

Und als letzte der Geschichten rund um das Ehrenamt darf ich eine bringen, die als einzige – alle weiteren, höchst bedankten Story-Beistellenden mögen mir verzeihen – deutlich mehr Platz bekommt als alle anderen. Dies, obwohl ich sie fast um die Hälfte kürzte. Am Ende werden Sie sicher verstehen warum.
Diese Geschichte stammt von Gundi. Ausstellungsleiterin von Beruf, daher Stress gewöhnt, hat sie im Ruhestand ihre Erfüllung beim Roten Kreuz Steiermark gefunden. Ebenda hat sie sich nach ihrer Pensionierung gemeldet, wurde mit offenen Armen empfangen und entsprechend geschult. Ausgebildet im Bereich der Krisenintervention. Es scheint, als ob ältere Menschen, die viel erfahren und oft einiges erlitten haben, leichter mit dramatischen Situationen umgehen können; was sie dazu prädestiniert, dabei zu helfen. Sofern sie stark genug sind, wie Gundi.

Kommt das Bild vom Zebra mit, oder Mama und Papa im Garten?

Sonntag, 19.30 Uhr, das Telefon läutet, ich bekomme Informationen für einen Einsatz. Ein junger Mann wäre ins Krankenhaus gebracht worden, ein Aneurysma im Gehirn sei geplatzt. Nun wären die Eltern des Patienten und seine 7-jährige Tochter zu betreuen.

Ich telefoniere mit meinem Kollegen und gemeinsam fahren wir zur Wohnung. Wir finden die verzweifelten Großeltern vor, Klara, das kleine Mädchen, hat sich in ihr Zimmer zurückgezogen. Mein Kollege setzt sich zu dem älteren Ehepaar, ich versuche, Kontakt zum kleinen Mädchen herzustellen. Vorsichtig klopfe ich an die Türe. Nichts. Ich versuche es nochmal. Nichts. Ich sage: „Klara, ich bin Gundi vom Roten Kreuz. Darf ich zu dir ins Zimmer kommen?" Langsam geht die Tür auf und ich sehe in zwei riesengroße blaue Augen, die langen blonden Haare zu einem Zopf geflochten. Ich knie mich vor Klara hin, lächele und sage: „Hallo Klara. Ich bin Gundi. Darf ich reinkommen?"

Sie lässt mich nicht aus den Augen, öffnet aber langsam die Tür etwas weiter. „Oh, wow, was hast du für ein schönes Reich!", staune ich gleich. Sofort muss ich zum „neuen" Schreibtisch, sie ist mächtig stolz darauf. Ich kriege alles genau erklärt. Kinder in diesem Alter erleben dramatische Situationen nämlich ganz anders. Es sind nur kurze Momente der Verzweiflung, gleich drauf widmen sie sich wieder ihrem Spiel oder Spaß, erst später überfällt sie der Schmerz wieder. Diese Pausen sind entscheidend wichtig. Wir setzen uns aufs Bett. Dann erzählt Klara: „Papa ist beim Essen vom Sessel gefallen". Pause. Sie nimmt ihr Stoffzebra und umarmt es fest. „Was hat denn der Papa?" fragt sie. Ich antworte ihr wahrheitsgemäß. „Deinem Papa ist ein ‚Aneurysma' im Kopf geplatzt. Das sieht man von außen nicht. Ein Aneurysma ist eine Ader, in der Blut fließt, kennst du das?" „Nicht so", meinte Klara leise. „Wo ist Papa jetzt?" „Dein Papa ist im Krankenhaus. Dort kümmern sich die Ärzte um ihn".

Das genügt ihr im Moment wieder. Sie geht zum Schreibtisch und zeigt mir ihre gemalten Bilder. „Was ist das Anrisa, was Papa hat?" Ich nehme ihre Hand, drehe sie mit der Oberfläche nach oben. Die Adern am Handgelenk sind gut sichtbar. „Siehst du, Klara, das sind die Adern in deinem Körper. Da fließt das Blut durch.

Eine davon ist bei Papa im Kopf geplatzt." Wieder ist das für den Moment genug. Sie holt sich die Farbstifte und wir malen beide. Ich frage sie, ob ich kurz telefonieren darf. Ich bekomme die Mutter ans Telefon, sie ist im Krankenhaus und beklagt sich bitter, dass sie keine Informationen bekommt. In diesem Augenblick kommt Klara aus ihrem Raum, setzt sich zu den Großeltern aufs Sofa und zeigt ihre Zeichnungen. Das tut auch den Alten gut.

Ich fahre zur Mutter in die Klinik. Sie empfängt mich schluchzend und erzählt, dass ihr Mann erst 32 wäre, und völlig gesund. Kurze Zeit später kommt der Arzt und erklärt uns, dass sich heute nichts mehr ergeben wird, wir sollen nach Hause gehen. Ich frage, ob es möglich ist, dass die Frau ihren Mann kurz sehen kann? Sie darf, das gibt ihr wieder ein bisschen Kraft.

Montagnachmittag der Anruf. Ich erfahre, dass der Vater gestorben ist. Mein Kollege und ich fahren sofort in die Klinik, wo mir die Frau gleich weinend um den Hals fällt. In der halben Stunde bis zum Eintreffen von Klara und ihren Großeltern besprechen wir, wie wichtig es sei, dass auch Klara sich von ihrem Vater verabschiedet.

Die kleine Maus kommt zur Tür herein und ruft: „Mama, der Papa ist gestorben, hat Oma gesagt." Die Mama nimmt ihre Tochter auf den Schoß, zieht sie an sich und erklärt ihr gefühlvoll, dass das wahr ist. Sie weinen gemeinsam. „Klara, gehst du mit mir zu Papa, damit wir ‚baba' sagen?" – „Nein", sagt Klara schnell: „Das trau ich mich nicht!" Ich mische mich leise ein, empfehle Klara einfach ein bisschen Zeit für die Entscheidung zu geben, und die Mama geht allein.

Klara setzt sich auf den Boden, zieht die Knie ans Gesicht und weint. Ich setze mich daneben. Wir schweigen. „Weißt du Klara, das Zimmer, in dem Papa liegt, hat hellgelbe Wände. Die Vor-

hänge sind blau, vor dem Fenster steht eine riesige Kastanie. Der Papa hat ein Pflaster im Gesicht, da geht so ein Plastikding in den Mund, weißt du, wie ein Schnorchel bei einer Taucherbrille." „Echt?", staunt sie, sieht mich direkt an! „Schau", sag' ich, „was hältst du davon: wir gehen zu Papa. Ich bin immer hinter dir. Du kannst gehen, wann du willst, ich lass dich NICHT ALLEIN!" Da nimmt sie meine Hand: „Dann geh mit!" Klara geht zwei Schritte in das Krankenzimmer, schaut kurz, dreht sich um und läuft weg. Sie lief den Gang hinunter, ich hinter ihr her. Sie meint sie sei durstig. Ich organisierte einen Saft, und nach dem halben Becher höre ich: „Gehen wir nochmal rein?" Ich bleibe in Sichtweite für Klara stehen. Nach einigen Minuten verlässt sie den Raum wieder.

Anschließend sitzen wir draußen auf dem roten Sofa und ich schlage Klara vor, etwas für Papa zu zeichnen, das sie ihm mitgeben kann. Diese Idee gefällt ihr. Fröhlich lässt sie ihren Ideen freien Lauf. Ob das Zebra mitkommt oder die Zeichnung mit Mama und Papa im Garten?

Sicher hat nicht jedermann das Talent, mit so viel Einfühlungsvermögen und entsprechender Ausbildung anderen in schwierigen Zeiten zur Verfügung zu stehen, toll aber, dass es solche Menschen gibt!

Und jetzt, nicht lachen, habe ich noch ein Kapitel, das Sie überraschen wird.

Ehrenamt? – Politik?

Jeder von uns kennt Geschichten von Politikern, die weiß-Gottwas-alles anstellten, nur eins machten sie nicht: regieren. Sie hätten ihr Amt nur angestrebt, um uns in die Taschen zu greifen, sie tun nichts, sie kriegen den Hals nie voll genug. Bitte verstehen Sie mich nicht falsch, auch das gibt es. Zweifellos. Warum sollten Politiker bessere Menschen sein als jene, die sie vertreten? Sind Ehrenamts-Vertreter, die Kinderdörfer leiten, von vornherein bessere Menschen? Oder wenn sich jemand im Fußball engagiert? Gar Priester oder Mönche? Was aber ist mit Kinderdorfleitern, die sexueller Übergriffe und des Betrugs bezichtigt werden?[184] Fußball-Club-Präsidenten, die ob ihres Vorgehens in und mit den Clubs ins Gefängnis müssen?[185] Schlussendlich Kirchendiener, wegen Geldwäsche oder Plündern von Kirchenschätzen verurteilt?[186]

Nein, so einfach ist das nicht mit der Unterscheidung. Wie immer „menschelt" es. Hier wie da. Politik ist, meiner Auffassung nach, der mühsame Ausgleich von Interessen. Zu unser aller Nutzen. Freilich, wenn „die da oben" für Standpunkte eintreten, die uns nicht genehm sind, kann's kaum gut sein, oder? Wenn sie oft, lange oder gar nicht in unserem Sinn Entscheidungen treffen, keine uns genehmen Gesetze beschließen – dann können sie auch keine guten Politiker sein, oder?

Der Job des engagierten Politikers ist ein „Tschach". Auf Hochdeutsch: eine richtige Mühsal. 80 Stunden die Woche, sehr viel unterwegs, Hornhaut am Hintern vor lauter Sitzungen, und egal was die Volksvertreter tun, sie sind immer im Fokus einer Empörungs-Kultur. Nicht einmal mehr ihre privatesten E-Mails oder SMS bleiben verborgen. Für ihren Einsatz sind sie mehr als unterbezahlt, zuweilen gar nicht entlohnt. Das Mühsamste ist vermutlich, dass ihre größten Feinde, die unlustigsten Widersacher überhaupt, in der eigenen Partei sitzen! Und oft die Jobs der bereits Mächtigen wollen – oder dafür sorgen, dass die, die am Ruder sind, schlecht aussehen, denn SIE könnten es ja viel besser...

Warum sich dennoch so viele diesen „Traumberuf" aussuchen? Ich weiß es nicht, dennoch kann ich die Verlockung nachvollziehen. Einmal war ich knapp daran, selbst die Politiker-Laufbahn einzuschlagen. Ich wurde gefragt, war mächtig stolz darauf – und lehnte ab. Wenn man mich ein zweites Mal gefragt hätte, wäre es mir schwergefallen, erneut Nein zu sagen. Warum das hier in diesem Buch Platz findet? Weil wir – auch wenn in Österreich momentan nicht wirklich – meist von alten Politikern regiert werden. Nehmen wir die schillerndsten Persönlichkeiten der jüngeren Vergangenheit: „The Donald" – 74 Jahre, Präsident Biden – 80 Jahre, Wolfgang Schäuble – 78 Jahre... so geht's dahin. Das Durchschnittsalter von Staats- und Regierungschefs sei im Steigen und liege heute bereits bei 64 Jahren, lese ich in der Presse.[187]

Warum, frage ich mich, tun sich Menschen dieses Alters DAS noch an? Sie könnten sich längst ihren Finanzen widmen, ihren Prozessen, der Rosenzucht oder dem Schreiben ihrer Memoiren. Ich glaube, dass die Motive oft die gleichen wie beim Ehrenamt sind: Ich will was bewegen, ich will etwas zurückgeben, ich will beitragen, ich will...

> „Die Welt vergöttert die Jugend, aber regieren lässt sie sich von den Alten." Henry de Montherlant[188]

Und zum Abschluss der Ehrenämter noch eine österreichische Erfolgsgeschichte: Unternehmen und Ehrenamt zugleich – ein spannender Spagat. Es hat eine Weile gedauert, bis die jungen Menschen das „Werkl" aufgestellt hatten, heute „rennt" es wunderbar.

Pars pro toto – Ein Teil von Omas Apfelstrudel

„Pars pro toto"[189] ist eine Redewendung, sie bedeutet so viel wie: Ein Teil steht für das Ganze. Ein Beispiel: „Ein Dach über dem Kopf haben" – gemeint ist jedoch das komplette Haus. Und weil sowohl „Kuchenstück" als Portion des Backwerks als auch die Phrase „ein Dach über dem Kopf haben" für die inzwischen sesshafte Wandertruppe so toll passen, darf ich abschließend noch, wenngleich nur ansatzweise, ein Sozialprojekt vorstellen: pars pro toto, also eines, stellvertretend für die vielen und tollen anderen.

Vollpension nennt sich das Unterfangen, das 2012 von jungen Wienern initiiert und gegen größte Widerstände erfolgreich durchgezogen wurde. „Unsere Mission als Vollpension ist es", verkündet die webpage, „Begegnungs- und Lernräume für neue Formen von Zusammenarbeiten und Zusammensein von Alt und Jung zu schaffen. Niemand soll im Alter allein sein. Jede/r hat etwas zu geben und kann einen Beitrag zu einem guten Miteinander von uns allen leisten. Wir sehen die Vollpension als Anstoß für ältere Menschen, ein aktiver und fest eingebundener, wertvoller Teil der Gesellschaft zu bleiben".[190]

Was hier ein bisschen abstrakt klingt, bekommt sofort Farbe, wenn man weiß, dass unser aller Grundsatz „Beim Essen kommen die Leut' z'amm'" mithilfe von Omas und Opas generationenübergreifend als Café umgesetzt wird. Die Vollpension besteht außerdem aus einem bunt zusammengewürfelten Team, in dem 12 verschiedene Muttersprachen gesprochen werden; der jüngste Teilnehmer ist 20, der älteste 84. Das Unterfangen tritt als Sozialprojekt auf[191], sozusagen: Unternehmen plus lässiger Treffpunkt in einem. Und der Firmeninhalt ist das Kuchenbacken und Kaffee-Verkaufen, beides in gemütlicher Atmosphäre – wie bei Oma halt.

Lindes Bananenschnitte oder der Eierlikörkuchen von Charlotte hüpfen zwar genauso flink auf unsere Hüften wie jene vom Supermarkt, dafür sind sie wirklich „bio-bio" – handgewuzelt sozusagen. Von den ehrwürdigen Händen derer, die sich eigentlich im Ruhestand befinden. Moriz und seine Mitstreiter erkannten, dass „Isolation und Armut im Alter in Großstädten eklatant sind" und machten den Anspruch auf Omas Kuchen zum Erfolgsrezept; seit Kurzem gleichfalls als Café auf der Musik-und-Kunst-Uni MUK in Wien.

Und damit Großmamas Rezepte nicht untergehen, werden mittlerweile „Backademie" und „OMAsterclass" angeboten. On- und offline selbstverständlich, denn moderne Omis gehen mit der Zeit sowie ins Internet. Dort freuen sich die lebenslustigen Senioren über neue Interessierte, die ihre Pension hinter sich gelassen haben und mit Freude neu durchstarten wollen[192] – schauen Sie doch einfach vorbei.

Fazit:
Pläne erleichtern uns das Leben. Stellen Sie sich vor, Ihr Architekt müsste ein Haus ohne Zeichnungen bauen. Weder er noch die Professionisten wüssten, wann sie was zu tun haben – großes Chaos wäre die Folge. Pläne bedeuten, dass man sich daran orientieren, dass man wieder abrufen kann, was sich damals jemand gedacht hat. Sogar wenn sich die Bedingungen inzwischen veränderten. Ein Plan für die Zeit nach der Pensionierung gibt uns die Möglichkeit über die Jahre hinweg Ideen vorzubereiten, unsere Partner mit neuen Situationen zu konfrontieren und Bereiche zu thematisieren, die langsam immer mehr in den Vordergrund treten. Was treiben mein Partner und ich den ganzen Tag? Wie sieht unser Tagesablauf aus, wo handeln wir besser getrennt, wann gemeinsam? Will ich, möchten wir uns aufs

Genießen des Ruhestands beschränken, oder doch etwas „Tun"? Arbeiten? Vielleicht sogar miteinander?

Was uns zum nächsten Kapitel bringt: Firmen und Organisationen. Diese haben, behaupte ich, ein rasant zunehmendes Interesse, sich um ihre zukünftig-ehemaligen Mitarbeiter zu kümmern. Sei es, dass deren Kenntnisse als Fachpersonal dringend benötigt werden, ihr Wissen, ihre Erfahrung, oder einfach nur die Tatsache, dass die Betriebe ihr Image pflegen, indem sie zeigen, wie gut sie mit ihren Mitarbeitern umgehen. Selbst dann, wenn sie in den Ruhestand gehen.

Kapitel 4 - Firmen und Organisationen

In der Folge werde ich zwecks Einfachheit Abgrenzungen wie auch Definitionen großzügig handhaben. So setze ich beispielsweise Firmen, Unternehmen und Betriebe gleich, da im Volksmund mehr oder weniger dasselbe darunter verstanden wird. Organisationen verwende ich auch im Sinne von Institutionen[193], also organisierten Gebilden.

Was ist ein Unternehmen?

„Unter Betrieb versteht man eine Organisationseinheit, die durch die dauerhafte Kombination von Produktionsmitteln den menschlichen Bedarf an Gütern und Dienstleistungen deckt."[194] Nach dem Wirtschaftslexikon von Gabler ist das eine „(...) örtliche, technische sowie organisatorische Einheit zum Zwecke der Erstellung von Gütern und Dienstleistungen, charakterisiert durch einen räumlichen Zusammenhang und eine Organisation, die auf die Regelung des Zusammenwirkens von Menschen und Menschen, Menschen und Sachen sowie von Sachen und Sachen im Hinblick auf gesetzte Ziele gerichtet ist".[195] Zu ergänzen wäre wohl: „Software und Software, Software und Maschine, Software und Mensch".[196]

Daher für mich:

- Mitarbeiter produzieren (oder werken als Dienstleister)
- in einer Organisation (auch als Einzelperson)
- haben (normalerweise) eine Produktionsstätte
- und (hoffentlich) einen Markt
- und es gibt (mutmaßlich) eine Strategie dahinter.

Betriebe sind vielen Einflüssen ausgeliefert, sie heißen: Wirkfaktoren.[197] Manchen vermögen sie sich zu entziehen, anderen nicht. Weltwirtschaftliche Turbulenzen beispielsweise, Pandemien, allenfalls Naturereignisse, um nur einige zu nennen, können kaum vorhergesehen werden, sie enden bisweilen in Krisen.[198] Andere bestimmende Faktoren kennt man meist schon lange, und der Umgang mit ihnen mündet in Erfolg bzw. Misserfolg. Das rechtzeitige Reagieren auf das Unvermeidliche rechtfertigt das „Überleben der Passendsten"[199] – nicht der Stärksten, wie oft fälschlicherweise behauptet wird.

Survival of the fittest

„Survival of the Fittest"[200] – dieser Ausdruck wurde im Jahr 1864 vom britischen Sozialphilosophen Herbert Spencer geprägt. Charles Darwin übernahm diese Vorstellung in seinem Werk ‚Die Entstehung der Arten' ergänzend zu seinem zum Fachterminus gewordenen Begriff „Natural Selection (natürliche Selektion). Fit oder Fitness beschreibt im Darwinschen Sinn den Grad der Anpassung an die Umwelt", lesen wir dort, und: „Dies bedeutet, dass nicht jene Art überlebt, die allem trotzt und andere Arten verdrängt, sondern diejenige, welche sich entweder der Umwelt anpasst oder es schafft, sich trotz widriger Umweltbedingungen kontinuierlich zu vermehren."[201]

Was für die Natur gilt, trifft ebenso auf alle Arten von Firmen sowie Organisationen zu. Auch dort überleben langfristig nur die „Fittesten", also jene, die sich am besten an ihre Umgebung anpassen. Womit wir beim Zeitgeist wären und bei Trends – die man besser nicht versäumt.

„Fachkräftemangel, demografischer Wandel, Digitalisierung, Globalisierung und ein extremer Wissenszuwachs fordern Unternehmen aktuell stark heraus. Um den damit verbundenen

Aufgaben zukünftig gewachsen zu sein, leiten viele Unternehmen Veränderungsprozesse in die Wege"[202], lesen wir beim Organisationsentwicker csx, etwas später dann: „Auffällig dabei ist, dass Mitarbeiter und Führungskräfte nur sehr vage Vorstellungen von Methoden, Prozessen oder Strukturen haben, welche ihnen bei der Bewältigung der anstehenden Zukunftstrends hilfreich wären". Und weiter: „Weder Stärke noch Intelligenz sind die fundamentalen Bausteine des Überlebens, der erfolgreichen Weiterentwicklung, sondern die Fähigkeit sich anzupassen. In diesem Sinne gelingt Unternehmen die Behauptung am Markt, das Binden der Kunden, Kooperationspartner und Mitarbeiter nur den am besten angepassten". Das Zitat bezieht sich vermutlich auf derzeit aktives Personal, gleichwohl behaupte ich, es betrifft genauso die bald in Rente Gehenden nebst jenen, die schon in den Alters-Ausscheidungsprozess eingebunden sind.

Gehen diese nun in Pension, so zieht mit ihnen ebenfalls ein Teil ihrer Kenntnisse, ihrer Erfahrung sowie ihres Netzwerks. Womit sich vier Möglichkeiten ergeben: Es mag a) den Firmen egal sein, sie können b) versuchen, die Defizite anderwärtig zu kompensieren, bzw. sich c) bemühen, neues Wissen, Erfahrung und Netzwerke zuzukaufen. Letzteres gelingt jedoch nur, wenn sie andere Betriebe übernehmen, allenfalls sich mit ihnen fusionieren.

> „Mit der Verdrängung der Alten verzichtet die Gesellschaft auf Erfahrung, Erinnerung und Geschichte. Sie muss das Defizit an Lebenserfahrung durch die Bereitstellung von Experten ausgleichen". Norbert Blüm, ehemaliger deutscher Arbeitsminister.[203]

Oder aber d) sie versuchen, den eingefahrenen Weg des „da-kann-man-halt-nichts-machen" zu verlassen, indem sie trachten, die wertvollen Fähigkeiten im Unternehmen zu halten.

Trotz der geltenden Rahmenbedingungen, trotz des notwendigen Paradigmenwechsels[204] und trotz der Mühe, die eine solche Transformation mit sich bringt. Die ersten drei Möglichkeiten sind nicht Inhalt dieses Buches, bei der vierten darf ich einhaken.

4.1 Business Transformation

Unter Transformation versteht man allgemein eine Veränderung, einen Prozess, der von einem Jetzt-Zustand zu einem Wunsch-Zustand führen soll. Ich nenne sie folgend auch: Umgestaltung bzw. Umwandlung. In der Geschäftswelt ist damit eine grundlegende Umstellung der Haltung einer Firma zu bestimmten Bezugsgruppen gemeint, vornehmlich auf der Beziehungsebene. Dies funktioniert nur dann, wenn das gesamte Unternehmen daran teilnimmt. In der heutigen Zeit ist diese Neuorientierung stark im Vormarsch. Die rasante Änderung unseres Umfeldes erfordert eine dauernde Anpassung – speziell auch, was die verschiedenen Rollen der Mitarbeiter betrifft.

Wenn sich ein Betrieb dazu entschließt – sei es in einem gesteuerten Umwandlungs-Prozess oder deshalb, weil es einfach opportun erscheint – so wird das klugerweise strategisch geplant vorzunehmen sein. Als Erstes würde ich mir als Unternehmer folgende Fragen stellen: Was haben, was brauchen und können wir, und was müssen wir zur erfolgreichen Transformation beitragen? Ein paar Beispiele:

Was haben wir?
- Facharbeitermangel
- Wissensverlust – Braindrain
- Ein bestimmtes Image in der Branche
- Und eine Belegschaft, die in Pension geht

Was benötigen wir?
- Erfahrung, Wissen/Kenntnisse und Netzwerke
- Botschafter, Mentoren, Lehrende
- Zufriedenes Personal
- Die Erkenntnis, dass Senioren im Unternehmen einen Gewinn darstellen

Was können wir?
- Gute Arbeitgeber sein
- Arbeitsplätze auch für Ältere bereitstellen
- In Pension Gehende animieren, länger zur Verfügung zu stehen
- Den Alten ein faires Angebot machen

Was müssen wir?
- Uns der Zeit anpassen
- Den Prozess beginnen und durchziehen
- Die Älteren rechtzeitig auf ihren Ruhestand vorbereiten
- Unser Image verbessern

Die wohl wichtigste Frage für Unternehmen ist heute wohl: Woher bekomme ich die nötigen Fachkräfte?

Überblick über deren Werdegänge – stark simplifiziert

Menschen sind in einem Betrieb/einer Organisation tätig. Sie werden eingeschult, müssen mit Kollegen unterschiedlichen Alters zusammenarbeiten, außerdem sich von Zeit zu Zeit weiterbilden. Sie fordern heute deutlich mehr als früher, nämlich unter anderem den Einklang von Leben und Arbeit.

Wenn Beschäftigte ihren Arbeitgeber wechseln, gibt es einen manchmal leichteren, zuweilen schwierigeren Trennungsprozess, neudeutsch auch „Offboarding" genannt. Dieser kann, um weiterhin in diesem Sprachgebrauch zu bleiben, in ein „Outplacement", d.h. eine vom Betrieb finanzierte Neuorientierung führen. Geht die Laufbahn eines Mitarbeiters den gewohnten Weg, verfügt er sich also in die Regel-Pension, so kommt unweigerlich der Moment des Abschieds, der sowohl lang als auch kurz dauern kann. Länger dann, wenn schon Jahre im Voraus der Austritt klar terminisiert ist, schneller, wenn er beispielsweise durch Kündigung, Krankheit oder vielleicht einen Unfall ungeplant passiert. Beim langsamen Übergang wird der Mitarbeiter (meistens) sukzessive von der Fortbildung abgeschnitten, der Austausch über Neuerungen reduziert sich (knowledge-hiding), die Motivation verfällt zunehmend und er beschäftigt sich eher mit seiner Zukunft außerhalb des Unternehmens.

Alle diese Schritte passieren, ob der Chef es will oder nicht. Daher ist es essenziell für ihn, sich rechtzeitig damit zu beschäftigen und obendrein entsprechend zu agieren.

4.2 Fachkräftemangel, Verlust von Wissen und Erfahrung

Immer weniger – immer spezialisiertere – junge Leute stehen derzeit immer mehr Babyboomer-Fachkräften gegenüber. Siehe etwas später unter: Boomer – Bumerang. „Der Fachkräftemangel wird für Deutschland zum Umsatz-Killer"[205], auch: „Fachkräftemangel extrem: In welchen Berufen Sie sofort einen Job finden"[206] oder: „Bis 2030 fehlen drei Millionen Fachkräfte."[207] Deutschlands Medienlandschaft überschlägt sich mit Nachrichten in punkto Fachkräfteengpass. Nicht grundlos sagt das die Fachwelt, und aktuelle Analysen sprechen von einer düsteren Zukunft: „In welchen Branchen die Lage besonders ernst ist und was Unternehmen dem Fachkräftemangel entgegenzusetzen haben."[208] Diese Analyse ist aber keineswegs auf Deutschland beschränkt, dessen südlicher Nachbar weiß ebenfalls:

„In Österreich fehlte es [bereits] im Jahr 2018 – laut Wirtschaftskammer – an 162.000 Fachkräften. Tendenz steigend"[209], lese ich bei unipub. „Die wesentlichste Ursache für den Fachkräftemangel ist hierbei der demografische Wandel (...), welcher erheblichen Einfluss auf den Arbeitsmarkt hat. Einer sinkenden Zahl an Berufseinsteigern steht demnach eine steigende Anzahl an Berufsaussteigern gegenüber." Oder: „Angesichts des demografischen Wandels wird es für Unternehmen in Zukunft immer schwieriger werden, ausreichend qualifiziertes Personal zu finden. Der Fachkräftemangel in Deutschland [und auch in Österreich und der Schweiz] betrifft dabei selten ein einzelnes Unternehmen, sondern ist in sämtlichen Wirtschaftszweigen spürbar, mit einem ökonomischen Schaden für die gesamte Volkswirtschaft. Mögliche Lösungsansätze könnten eine (Re-)Aktivierung von Personengruppen sein, die bislang nicht auf dem Arbeitsmarkt sind oder lange Zeit waren."[210]

Ein möglicher Lösungsansatz, den Facharbeitermangel zu beseitigen, wäre zweifellos der spätere Renten-Antritt – was ohnedies nimmer wirklich aufzuhalten ist. Einzig der weithin praktizierte und die Wirklichkeit verleugnende Widerstand ist imstande, diese Entwicklung zu bremsen. Verbessern kann die Lage jedoch das Verständnis dafür, dass es viele ältere Menschen gibt, die gerne arbeiten wollen, selbst über den Pensionsantritt hinaus. Genau für diese müssen die Arbeitgeber, nebst der Politik und der Standesvertreter, Rahmenbedingungen schaffen, sodass es für Senioren erstrebenswert wird, länger zu arbeiten.

Durch die Verrentung verliert die Firma Mitarbeiter – meist Facharbeiter, deren Ersatz hohe Priorität haben muss. Die Betriebe büßen daneben noch deutlich mehr ein, beispielsweise: Erfahrung, Netzwerke, außerdem wertvolles Wissen; Letzteres wollen wir uns näher ansehen. Vorausschicken muss ich hier, dass ich Wissen in der Folge auch – wenngleich etwas vereinfacht – mit Kenntnissen gleichsetze.

Wissen

Als ich vor ein paar Jahren wieder auf die Uni ging, fielen mir am Eingang Hinweistafeln zu Studiengängen auf. Eines der glänzenden Plexiglasschilder war der Anzeiger des „Department für Wissens- und Kommunikationsmanagement" (was für ein Wortungetüm). Verwundert studierte ich das Schild, denn Kommunikationsmanagement war mir ein Begriff, ich hatte mich dort ja für ein Studium angemeldet. Dass man darüber hinaus an einer Uni sogar Wissen bzw. dessen Management lernen könne, war mir neu. Ich dachte immer, dass man Medizin studiert, ansonsten Jus/Jura, Theologie, Technik oder Sprachen – aber Wissen?

Nach kurzer Recherche merkte ich, wie falsch ich lag. In den letzten Jahrzehnten ist die Wissensökonomie nämlich deutlich wichtiger geworden; auch, da die Kenntnisse der Älteren kaum mehr über die Generationen hinweg vermittelt wurden. Ebenso, da immer komplexere Zusammenhänge und Notwendigkeiten von Dokumentation bestimmend geworden sind.

Was verstehen wir unter Wissen? Das Gabler Wirtschaftslexikon definiert es so: „Die Gesamtheit der Kenntnisse und Fähigkeiten, die Individuen zur Lösung von Problemen einsetzen. Wissen/Kenntnis basiert auf Daten und Informationen, ist aber erst einmal an eine Person gebunden."[211] In Unternehmen, ebenso jedoch in allen anderen Arten von Organisationen, ist es wichtig, dass diese Erfahrung, diese Expertise, dieses Know-how oder wie immer man es ausdrücken will, nicht nur bei diesem einen Menschen bleibt, sondern auch mehreren zugänglich ist. Egal, ob es sich um Produktions-, Forschungs-, Handels- respektive Bankbetriebe handelt oder um Verwaltungseinrichtungen. Denn alle benötigen laufend mehr und schneller Informationen, die verlässlich abrufbar sein müssen, lokal, regional, national sowie weit über unsere Grenzen hinaus.

Der Zeitraum, so lernen wir bei Ilhan Dogan, „(...) in dem sich das Wissen der Menschheit verdoppelt, [wird] immer kürzer. 1950 waren es noch 50 Jahre, 1980 sieben Jahre, 2010 knapp vier Jahre und Experten schätzen, dass sich das Wissen im Jahr 2020 innerhalb von nur 73 Tagen verdoppeln wird."[212]

Welche Arten von Wissen gibt es?

Wissen ist nichts Angreifbares, nichts Materielles. Wissen ist unter anderem ein Resultat von Handlung, Bewertung, Lernen, Verwerfen und Verinnerlichen. Alle Erfahrungen, Entbehrungen und/oder Wege zur Bewältigung von Herausforderungen zählen dazu, schmerzliche sogar besonders.

Die Wissenschaft kennt individuelles Wissen[213], also jenes, das an eine Person gebunden ist, siehe oben. Daneben kennen wir das kollektive Wissen – hier haben Gruppen oder Organisationen, vielleicht sogar Kulturen Zugang. Weiters kennen wir explizites Wissen, das heißt eines, das wiederholbar ist, wo Erkenntnisse dokumentiert und nachvollzogen werden. Schlussendlich noch das implizite Wissen, das wir am ehesten mit Erfahrung beschreiben können, mit Expertise.

Firmen bzw. Organisationen streben danach, dass allen diese „verschiedenen Wissensarten/-formen" zur Verfügung stehen. Denn nur die Summe davon kann einen Vorteil, eine Berechtigung, im besten Fall einen Gewinn, begründen. Es heute zu nutzen, ist das eine, das andere ist es, dieses Wissen auch für die Zukunft sicherzustellen. Sofern diese Wissens-Besitzer einen freundlichen Umgang miteinander pflegen und sich austauschen, passiert das automatisch. Von Mensch zu Mensch, von Einheit zu Einheit. Bassena-Tratsch[214] hat man das früher genannt, heute heißt es „Knowledge Café".[215] Wenn Unternehmen dies steuern, geschieht das orchestriert, in Form von Wissenstransfer plus Wissensmanagement.

Übertragung von Wissen

Wie wird Wissen nun übertragen? Früher einmal waren es Gesänge sowie erzählte Geschichten, die speziell bei Völkern und Kulturen, die keine oder kaum schriftliche Aufzeichnungen besaßen, von „Gott und der Welt" kündeten. Australische Aborigines beispielsweise tun das heute noch, deren Kultur kennt nämlich – bis heute – keine Schrift. So erzählte mir John Moriarty, ein halb-Schotte-halb-Aborigine, dass das Rechtssystem seiner Vorfahren in „Down Under" ausschließlich von erfahrenen Frauen getragen wird! Diese träfen sich alle fünf Jahre irgendwo im Busch, dort halten sie lange Palaver, wobei schlussendlich bestimmt würde, welche Gesetze bzw. Vorgaben ab nun gelten, auch, wie sie auszulegen seien. Wäre doch ein nachahmenswertes Beispiel, oder?

Der Vorteil einer solchen mündlichen Übertragung besteht darin, dass man rückfragen kann, und vor allem, dass Informationen mit Emotionen verquickt sind. Der Nachteil: Es befähigt nur jene zu lernen, die anwesend sind, auch, dass selten alles (vollständig und wie gewünscht) beim Empfänger ankommt, was der Sender abschickt. Stichwort: Sender-Empfänger-Modell[216] von Shannon/Weaver aus den 1940ern. Jede Geschichte, jeder Gesang ist mit Menschen und auch deren Schicksalen verbunden. Damit besonders einprägsam. Wie überlebenswichtig Wissen und Erfahrung sogar werden können, davon kündet die folgende Überlieferung aus Bali: Die Legende erzählt von einem entlegenen Bergdorf, in dem ein Volk lebte, das seine alten Männer zu opfern und sodann zu verzehren pflegte.[217]

Es kam der Tag, an dem kein einziger alter Mann mehr übrig war, sodass alle Überlieferungen verlorengegangen waren. Als sie nun ein großes Haus für die Versammlungen ihres Rates bauen wollten und die Baumstämme betrachteten, welche für diesen Zweck geschlagen worden waren, konnte keiner sagen, was unten und was oben war; das zu wissen, war aber wichtig, würden die Balken nämlich verkehrt herum aufgestellt, löste das eine Kette von Verhängnissen aus. Da sagte ein Jüngling, er könnte wohl eine Lösung finden, wenn sie versprächen, keine greisen Männer mehr zu essen. Sie versprachen es ihm. Daraufhin führte er seinen Großvater herbei, den er versteckt gehalten hatte, und der Greis verriet der Gemeinschaft, wie man das obere vom unteren Ende unterscheiden könne.

Die nächste Möglichkeit des Wissens-Transfers ist die Verschriftlichung in Wort, Bild, Zahl etc., mit dem Nutzen der wiederholten Abrufbarkeit der Information; ein möglicher Nachteil ist jedoch, dass das Dokumentationsmedium eventuell nicht beständig ist. Das heißt: gegen Witterungseinflüsse gewappnet, wasser-, schlag-, stoß-, licht- oder ähnlich -fest und „lesbar" bleibt. Genau das birgt die Schwierigkeit, dass diese heutigen, digitalen Aufzeichnungen zwar zum Teil auf recht robusten Medien gelagert, doch schon nach ein paar Jahren unlesbar sind. Der Grund? Der Fortschritt – was für

eine Ironie! Denn immer neuere, laufend verbesserte und „high-sophisticatedere" Computer können die älteren Speichermedien nicht mehr entziffern. Selbst wenn nur lauter Nullen und Einser drauf sind!
Und dann gibt's noch die Kombination von schriftlichem und mündlichem Transfer, die den Vorteil hat, dass der „Wissende" wie der „Lernende" den Inhalt abrufen, wodurch sie imstande sind, sich über diesen zu verständigen. Am besten wiederum, wenn in diesen Prozess Emotionen – z.b. in Form von nachfühlbaren Begleitgeschichten – eingebaut sind. Je stärker die Emotionen, desto besser wird das Wissen verankert.[218]

Immer wenn ich ans Lernen denke, fällt mir als Erstes nicht die Schule, allenfalls die Uni ein, sondern die Art, wie mir – am Land aufgewachsen – die Grenzverläufe von Wald und Grundstück meiner Familie beigebracht wurden. Von meinem Großvater „eingebläut". Heute undenkbar, damals vor rund 60 Jahren allerdings gang und gäbe: Ich wurde also, kaum der Volksschule/Grundschule entwachsen, von meinen Altvorderen aufgefordert, sie bei der Grenzsteinsuche zu begleiten. Zu dieser Zeit waren das selten die heute üblichen bunten Metall-Marken bzw. Säulen, es waren Granit-Steine verschiedenster Form, die sich unter Laub wie Wurzelwerk (gut) verbargen. Mit einer oft verblassten Farbmarkierung, manchmal sogar durch Erdbewegungen (ganz unabsichtlich, kann ja beim Pflügen passieren) leicht verschoben und somit schwer auszumachen. Stets, wenn ich stolz einen der Findlinge oder steinernen Zeugen gefunden hatte, gab's eine kräftige Ohrfeige. Jedes Mal! Woher die immer so blitzartig gekommen waren, verstehe ich heute noch nicht. Ansonsten mir sehr zugetan wie auch allseits verehrt, kannte Großpapa da kein Pardon. Denn er wusste schon: Information plus Emotion ist gleich Wissen. Das Resultat: Ich weiß heute noch genau, wo die Grenze verläuft.

Erfahrung

Aldous Huxley[219] meint: „Erfahrung ist nicht das, was einem zustößt. Erfahrung ist, was du aus dem machst, was dir zustößt." Noch wissenschaftlicher: „Als Erfahrung bezeichnet man die durch Wahrnehmung und Lernen erworbenen Kenntnisse und Verhaltensweisen oder im Sinne von ‚Lebenserfahrung' die Gesamtheit aller Erlebnisse, die eine Person jemals hatte, einschließlich ihrer Verarbeitung".[220] Hier nun ein Beispiel, wie genau diese Lebenserfahrung zum dringend benötigten Resultat führen kann:

„Gewusst wo"

Der Motor eines großen Schiffes ist kaputt gegangen, niemand an Bord konnte ihn reparieren. Deshalb hat die Reederei einen [pensionierten?] Maschinenbauingenieur mit über 40 Jahren Erfahrung beauftragt, den Fehler zu finden. Er überprüfte die Maschine sehr sorgfältig und fand einen Fehler. Er holte einen kleinen Hammer aus der Tasche, klopfte auf eine bestimmte Stelle und löste damit das Problem. Damit hat er den Motor repariert, der wurde neu gestartet – das Schiff war wieder imstande in See zu stechen.

Der Pensionist legte später seine Rechnung in der Reederei vor: Für die Reparatur dieses großen Schiffes berechnete er 20.000.– €. Der Chef der Reederei fing an zu toben und fragte: „Was bildest du dir ein?! Du hast fast nichts getan. Du hast bloß mit einem Hammer auf den Motor geklopft!" Die Antwort darauf war sehr einfach: „Der Hammerschlag kostet 2,00 €". JA UND? „Ich wusste, wohin genau, ebenso wie stark ich mit dem Hammer zuschlagen musste, um die strategischen Punkte zu finden: Das kostet 19.998,00 €. Nicht der Hammerschlag ist entscheidend, sondern meine 40-jährige Erfahrung."

Erfahrung und „Gewusst wo" sind das Ergebnis vieler Kämpfe, Sorgen, schlafloser Nächte, mitunter sogar Tränen. „Wenn wir Alten innerhalb von einer halben Stunde einen Job machen, dann manchmal nur, weil wir über 25 Jahre damit verbrachten zu lernen, wie man diesen Job in 30 Minuten macht".[221] Was bei der Technik funktioniert, klappt ebenso gut im Geschäftsleben. Wunderbar ausgedrückt hat das der amerikanische Autor Jackson Brown Jr.:[222]

> „I've learned that when a man with money meets a man with experience, the man with experience ends up with the money and the man with the money ends up with experience."

Ein weiterer der wesentlichen „Vermögenswerte" älterer Mitarbeiter ist ihr Geflecht an sozialen und beruflichen Kontakten. Damit indirekt Wissen und Kenntnisse, über die sie selbst nicht verfügen, von denen sie aber Kenntnis haben, wer sie besitzen könnte.

Netzwerke

Für uns Ältere sind Netzwerke selten Verbindungen von Computern, sondern analoge, soziale Geflechte. Über ihre geschichtliche Entstehung lesen wir: „Netzwerkstrukturen gibt es in allen – auch vor- sowie frühgeschichtlichen – Gesellschaften. Dabei handelt es sich um übergreifende, jedoch auf bestimmte Situationen oder Anlässe begrenzte Interaktions- und Kooperationsmuster jenseits fester Clanstrukturen oder sporadischer Austauschbeziehungen (z. B. Schamanennetzwerke). Im Mittelalter bildeten sich große überregionale Personennetzwerke auf Basis gemeinsamer Interessen, so etwa die Hanse".[223] Dass sich daraus manchmal etwas weniger „koschere"[224] Verbindungen entwickelten, davon künden zahllose Mafiageschichten. Hier ist allerdings ein Netzwerk von dienlichen Kontakten gemeint – was ja noch kein Widerspruch zum Obigen ist, folglich – von Menschen, deren Erfahrung mir beruflich nützt. Oje, jetzt komm' ich da irgendwie nimmer raus. Lassen wir es jemand anderen formulieren: „Berufliche Netzwerke sind soziale Netzwerke für Beruf und Karriere, um insbesondere Geschäftskontakte zu pflegen",[225] finde ich beim Career Center der Uni Würzburg. Na, Geschäfte betreiben die Mafiosi auch, und wie! Das macht's also auch nicht besser. Aber Sie wissen, was ich meine.

Einer der Erfolge von gewachsenen Netzwerken ist, dass die Mitglieder desselben in der Regel keine Scheu haben, andere bei Problemen zu fragen, die sie selbst nicht lösen können.

> „Ob ein Mensch klug ist, erkennt man an seinen Antworten. Ob ein Mensch weise ist, erkennt man an seinen Fragen." Naguib Mahfouz[226]

Es fällt mir schon mein ganzes Berufsleben hindurch auf, dass viel zu viele Leute sich scheuen, um Rat zu fragen, egal auf welcher Hierarchieebene. Vermutlich glauben sie, dass sie das Gesicht verlören, dass der andere glauben könnte, sie wüssten zu wenig von ihrem Fach. Ich jedoch freue mich immer, wenn ich mich bei jemand erkundigen kann oder selbst zur Problemlösung herangezogen werde; bei mir steigt dann die Achtung vor dem Fragesteller!

Fazit:
> Unternehmen und Organisationen benötigen abseits von allen Modernisierungs-Schritten wie Digitalisierung, Automatisierung (alias Roboterisierung) Fachkräfte, von denen es immer weniger gibt. Die Jungen vermögen Ältere in vielen Bereichen nicht zu ersetzen. „Sie rennen zwar schnel-

ler, die Alten aber kennen die Abkürzung"[227], nennt das Ursula von der Leyen. Wenn Menschen in Pension gehen, nehmen sie jedoch Wissen, Erfahrung und dazu ihre Netzwerke mit, die keineswegs einfach zu ersetzen sind. Nur in überschaubarem Ausmaß durch akademische Studien.

Was heißt aber nun in Pension gehen? Oder in Rente? Auch in den Ruhestand oder wie immer das genannt werden will? (Details im Kapitel „Allgemeinheit".) Und wie gestaltet sich der Prozess? Auch hier hat sich der denglische Ausdruck „Offboarding" für Trennung durchgesetzt, da er wesentlich weniger wertend erscheint als beispielsweise: Austritt, Abdankung und/oder Ausscheiden etc.

4.3 Offboarding

Damit gemeint ist ein „Verabschiedungs-Prozess"; ähnlich wie bei Reklamationen, ist das die Kür der Unternehmenskultur. Wird der Scheidende „nur so" verabschiedet oder „gegangen" (außer er hat sich etwas zuschulden kommen lassen), ohne besondere Zeichen von Wertschätzung und Dankbarkeit, so entsteht vermutlich kein guter bleibender Eindruck. Der Ruf des Mitarbeiters kann darunter leiden, jener des Betriebes dürfte sich gleichfalls nicht verbessern. Darüber hinaus betrifft er indirekt auch die Leistung und Motivation der verbleibenden Belegschaft.

Wie eine schlecht gemachte Trennung vor sich geht, davon berichtet Manuela, eine Bloggerin auf „50plus_60plus". Hier möchte ich ihre Erfahrungen mit Ihnen teilen, genauso wie ich sie erhalten habe, nämlich in Stichworten. Die eigentliche Geschichte steht (wieder einmal) zwischen den Zeilen:

Ein Einzelfall?

Ich war langjährige Angestellte in einem großen Unternehmen (deutscher Labordienstleister). Persönliche Assistentin eines Professors, zuständig für die gesamte Organisation von Fortbildungsveranstaltungen für Ärzte, bundesweit. Irgendwann kamen zwei junge Mitarbeiterinnen in unsere Abteilung und das Mobbing begann. Letztlich gabs keine Unterstützung durch meinen Professor, Betriebsrat oder Anwalt.

Mit 61 beschloss ich, dass ich so eine Situation in meinem Alter nicht mehr brauche, und habe aufgehört. Trotz Arbeitslosigkeit vor der Rente, ohne Aussicht auf eine neue Arbeit (bisher ca. 50 Bewerbungen). Aber, ich habe meinen Frieden gefunden, jetzt habe ich ja meinen Blog, also langweilig ist mir nicht. Mal schauen, wie es so weitergeht...

Sofern Sie sich für einen Job bewerben wollen, informieren Sie sich sicher über Ihre zukünftige Firma. Sehen Sie weniger die Hochglanzprospekte an, die tollen Einschaltungen, wenn dort Personal gesucht wird, beziehungsweise die lockenden Angebote der Headhunter – nein, fragen Sie doch besser nach, wie sich Ihr (möglicher) Arbeitgeber von seinen langjährigen Mitarbeitern verabschiedet. Der letzte Eindruck zählt! Und – noch sehr lange.

Gut gemachtes Offboarding beginnt (recht)zeitig. Mutmaßlich sogar schon ein oder zwei Jahre vor dem eigentlichen Abschied. Warum? Weil dann beispielsweise durch den – wiederum „wertschätzenden" – Prozess vielleicht frische Ideen ins Spiel kommen. Wie: „Die (da oben) nehmen mich aber wirklich ernst, sie wollen mich! Sie brauchen mich! Jetzt darf ich sie nicht im Stich lassen!" Auf der anderen Seite kann die Entwicklung eines Unternehmens einen unerwarteten Verlauf nehmen, sodass genau diese Fähigkeiten, die der Fortgehende besitzt, sich als besonders wertvoll herausstellen. Worauf man Ihnen ein Angebot machen könnte, für ein bestimmtes Projekt zur Verfügung zu stehen. Ebenso, da eine geordnete Übergabe deutlich leichter erfolgt, wenn sie rechtzeitig initiiert wird, ein Nachfolger besser einzuschulen ist, darüber hinaus eine positive Stimmung jegliche Wissensweitergabe beflügelt. Auch das notwendige und hoffentlich professionell vorbereitete Austritts-Interview mag in Raten erfolgen, wodurch sich laufend neue Aspekte ergeben können. Selten zum Nachteil des Arbeitgebers.

Sehr oft wird das Offboarding respektive die Verabschiedung nicht vom Unternehmen oder seinen Führungskräften durchgeführt, sondern von externen Coaches/Beratern. Ich bin jedoch der Meinung, das ist schlecht. Gleich wie bei unangenehmen Nachrichten, die möglichst klar sowie zeitgerecht vom Management an die Mannschaft zu kommunizieren sind – denn das ist Führung – genauso sollte es bei der Verabschiedung ebenfalls passieren.

> Übrigens, warum heißt jemand, für den Menschen arbeiten, eigentlich „Arbeitgeber"? Beziehungsweise vice versa der Mitarbeiter „Arbeitnehmer"? Dieser nimmt doch keine Arbeit, er gibt vielmehr die seine her...

Eine Abschiedsfeier gehört organisiert, bestenfalls originell und so, dass sich alle gerne daran erinnern. Das muss nicht mit großem Tam-Tam stattfinden – aber lassen Sie sich etwas einfallen, wie z.B. die Kollegenschaft von Egon Blum.[228] Dieser war Geschäftsführer, außerdem Lehrlingsausbilder. An seinem letzten Arbeitstag versammelte sich die Belegschaft und bildete eine Menschenkette von dessen Wohnhaus bis zur Firma. Wenn das Kilometer waren, hatte der Betrieb eindeutig viele Mitarbeiter. Hinter der Idee stand, ihn für alle sichtbar ob seiner Freundlichkeit und Kollegialität bei gleichzeitiger Führungsqualität zu würdigen, ihm Respekt zu zollen – eine großartige Idee.

4.4 Outplacement

Das etwas sperrige Wort meint das „berufliche Neuorientieren", und damit die vom Unternehmen finanzierte Unterstützung, im Falle der Trennung von einem Arbeitnehmer ihm eine gezielte Förderung für einen Neustart zu geben. Im Sinne eines fairen, obendrein wertschätzenden Trennungsprozesses, der für beide eine gute Basis für die Zukunft begründen soll, denn „man trifft sich ja oft nicht nur einmal" oder so ähnlich.

„Diese Art von spezieller Berufsberatung hat ihren Ursprung in den USA", lese ich unter anderem bei outplacement-consulting, einem darauf spezialisierten Unternehmen,[229] und weiter: „Die Soldaten, die nach dem Zweiten Weltkrieg in die USA zurückkehrten, mussten in zivile Beschäftigungen re-integriert werden. Hierzu richtete die (...) US Army eigene Beratungsstellen ein". Gemeinsam mit einem Coach, allein ist es schwierig, erfasst man Fähigkeiten nebst Bedürfnissen des Scheidenden – siehe auch Maslowsche Bedürfnispyramide[230] – und daraus wird ein Paket geschnürt. Es entsteht dann ein Übergangsprozedere, manchmal sogar eine „Neuerfindung". Die jeweilige Bedürfnislage spielt naturgemäß eine (variable) Rolle, sie wirkt sich positiv oder negativ auf die momentane Situation aus. Und wie sich das auf den Arbeitnehmer sowie auf den Arbeitgeber auswirkt, könnte man bei einem professionellen Outplacement herausfinden.

Diese Erkenntnis mag für beide betroffenen Parteien ergeben, dass der vor der Pensionierung Stehende eventuell gar nicht aufhören will zu arbeiten, sondern gerne zeitweise aushelfen würde, vielleicht sogar nicht im Haupt-, sondern in einem Subunternehmen des Arbeitgebers, usw. Der Prozess kann die Möglichkeit bieten, eine neue Identität in ihm zu entdecken, allenfalls das Bedürfnis, einen bisher versteckten Teil seiner Persönlichkeit herzuzeigen, eine „frische Marke" aufzubauen. Denn Selbsterkenntnis ist nach der Harvard-Professorin Carol Kauffman „der größte Treiber zum Erreichen von Leistung und Leistungsfreude."[231] In diesem Sinne: Auf zu neuen Ufern!

Kapitel 5 - Länger arbeiten?

Das Arbeiten im Alter, besonders das über die Pensionierung hinausgehende Anpacken, betrifft einmal die Menschen, von denen wir im ersten Teil gehört haben. Es betrifft weiters die Allgemeinheit, davon später, und es betrifft die Unternehmen. Beginnen möchte ich mit einer Aufstellung, in der ich sowohl die Vor- als auch die Nachteile für Betriebe und Organisationen erfasst habe, mit allem, was meiner Meinung nach mit der Beschäftigung von in Pension Befindlichen und ggf. auch „re-animierten" Mitarbeitern einhergeht.

5.1 Vorteile für Betriebe/Organisationen

Eine rein alphabetische Aufzählung, ohne Wertung, mit Stichworten über das, was der Seniorenmitarbeiter vermag, oder was es für Folgen mit sich bringt, ihn zu beschäftigen.

M: Mensch hat/kann/bringt:

M: Arbeitsplatz	(anderer, wird von ihm nicht weggenommen)
M: Ausrüstungs-Bedarf	(ist geringer, er kommt mit weniger aus)
M: Authentizität	(ist höher, er ist „echt", kaum ein Blender)
M: Autorität	(ist höher, Situation ähnlich Lehrer/Schüler)
M: Bauchgefühl	(Intuition = Erfahrung, ist abgespeichert)
M: Bedürfnisse „übersetzen"	(ist ihm möglich, er kennt den Mangel)

M: Belastbarkeit	(frühere Anforderungen waren größer)
M: Bescheidenheit	(er ist seltener im Wohlstand aufgewachsen)
M: Besonnenheit	(er hat mehr Umsicht, ist meist weniger impulsiv)
M: Blamage-Angst	(ist geringer, einmal passiert, wird's immer leichter)
M: Denken – vernetzt	(er kennt zusammengehörende Inhalte)
M: Disziplin	(war früher selbstverständlich)
M: Effizienz	(ist höher)
M: Ehrgeiz	(ist geringer, er will „nichts mehr werden")
M: Eitelkeit	(ist geringer, in dem Alter?)
M: Eloquenter	(da früher mehr gesprochen, weniger ge-sms-t wurde)
M: Emotionale Intelligenz	(höher, ist auch eine Frage der Erfahrung)
M: Emotionale Reife	(er kennt eigene und fremde Gefühle besser)
M: Erfahrung	(ist durch NICHTS zu ersetzen)
M: Expertise	(höher, ist Kombination von Wissen und Erfahrung)
M: Familienplanung	(abgeschlossen, weitere Versuche waren meist erfolglos…)
M: Fragestellung	(punktgenauer, weniger Blabla)
M: Gelassenheit	(durchs Alter, kommt von allein)

M: Gesundheitsbewusstsein	(höher, sonst „funktioniert" vieles nicht mehr so gut)
M: Glaubwürdigkeit	(Charakter und Kompetenz hinterließen Spuren)
M: Ideen und Zugänge	(sind oft anders, er ist schon einige Irrwege gegangen)
M: Intuition	(durch frühere Einsicht in Sachverhalte gelernt)
M: Know-how	(Sachkenntnis in Teilbereichen ist höher)
M: Konfliktbewältigung	(Lösungs-Potenzial höher, er ist konzilianter)
M: Konkurrenz-Denken	(liegt ihm fern, er hat keine Aufstiegsambitionen mehr)
M: Kooperationsfähigkeit	(ist besser, er ist allein zu oft auf die Nase gefallen)
M: Kostenbewusster	(er musste früher selber mit weniger auskommen)
M: Konzentration	(auf Arbeit, hat Kopf frei von Sorgen der Jungen)
M: Loyalität	(ist höher, das große Gemeinsame ist ihm wichtiger)
M: Manieren	(damals, ja damals...)
M: Menschenkenntnis	(ist besser, er bekam viele Eindrücke)
M: Mit-Wirkung	(nach innen und außen, nach unten und oben)
M: Muster erkennend	(Gesetzmäßigkeiten werden von ihm leichter erkannt)
M: Problemlösung	(er hat die meisten Probleme schon einmal gelöst)
M: Psychologisches Geschick	(ist höher, Geduld und Erfahrung machen's aus)

M: Qualitätsbewusstsein	(höher, früher mussten die Dinge länger halten)
M: Rad nicht neu erfinden	(ist das Vorrecht der Jugend…)
M: Routine	(ist besser geworden, durch ständiges Wiederholen)
M: Rückschläge-resistent	(nach Schlappen wieder aufgestanden)
M: Ruhiger	(das ist eine Alterserscheinung, meistens)
M: Schaut auf andere	(er hat meist Familie)
M: Situations-Erkennung	(vermag die Lage aus anderem Blickwinkel zu sehen)
M: Soziale Kompetenz	(kennt Bedürfnisse anderer, kann sie kommunizieren)
M: Spezialisiertes Wissen	(hat er über lange Jahre angehäuft)
M: Teamfähig	mehr Respekt, höhere Frusttoleranz/Disziplin
M: Testkunde	(als Mysterykunde ist er unauffälliger, glaubhafter)
M: Überblick	(ist größer, da eher Zusammenhänge erkennend)
M: Umsicht	(mehr, er kann besser zielgerichtet beobachten)
M: Unabhängigkeit	(höher, er gehört meist keiner Clique an)
M: Unterstützer	(für andere, sie sind keine Konkurrenten)
M: Urteilsfähigkeit	(Urteilsvermögen höher, er hat Fähigkeit + Können)
M: Verantwortungsbewusstsein	(ihm sind Werte, Menschen und Aufgaben wichtig)

M: Verlässlichkeit	(höher, weil das früher selbstverständlich war)
M: Vertrauens-Person	(ist er allein wegen seines Alters und seiner Autorität)
M: Vorbereitungszeit	(geringer, durch Erfahrung und Übung)
M: Weisheit	(kam durch innere Reife und Lebenserfahrung)
M: Weitblick	(ist höher, auch durch seinen größeren Horizont)
M: Weiterbildung	(damit er mit den Jungen mithalten kann)
M: Wertschätzung	(für alle, anerkennt anderer Leistung, Einsatz etc.)
M: Widerstandsfähigkeit	(Resilienz ist höher, kennt schwierige Situationen)
M: Wissens-Vermittlung	(ein bisschen belehrend sind alle Alten…)
M: Zeiteinteilung	(er ist imstande, sich seine Zeit freier einzuteilen)
M: Zur-Verfügung-Stehen	(für alle, „eingebauter Mentoren-Drang" von Alten)
M: Zusammenhänge	(er erkennt innere Gliederungen eher)
M: Zuverlässigkeit	(ist höher, er ist vertrauenswürdig)

M: ZZ – Der größte Vorteil ist sicher: Er muss nicht mehr arbeiten, er darf!

O: Die Firma/Organisation erhält:

O: Ausgleich	(Streitschlichter bei Start-ups)
O: Austausch zw. Jung-Alt	(wird durch ihn gefördert)

O: Diplomatie	(kehrt ein)
O: Effektivität	(steigt)
O: Effizienz	(besser, speziell bei Teams/ Leadership)
O: Einarbeitung	(ist geringer, er kennt das Meiste schon)
O: Einsichten	(andere Einblicke durch Erkenntnisse)
O: Facharbeiter	(-mangel bzw. -reduktion)
O: Fehlerhäufigkeit	(verringert sich)
O: Förderungen	(durch die öffentliche Hand sind oft möglich)
O: Gemeinschaftsgedanken	(erzeugt stärkeres Wir-Gefühl)
O: Glaubwürdigkeit	(nach außen wird sie sehr hoch)
O: Image für Arbeitgeber	(verbessert sich, entspricht dem Zeitgeist)
O: Imagetransfer	(durch Botschafter-Tätigkeit)
O: Kontaktpflege	(innen und außen, bestehende und neue Netzwerke)
O: Kontinuität	(wird höher, Anlernen fällt oft weg)
O: Kostenreduktion	(relative Lohnkosten reduziert, Geringfügigkeit...)
O: Kundennähe	(wächst, da oft Produktion von Waren für Ältere)
O: Lebenserfahrung	(ist höher, allein seiner Jahre wegen)
O: Lehrer	(an diversen Stellen einsetzbar, für Alt und Jung)
O: Lehrlingsausbildung	(möglich für Azubis/ Lehrlinge)

O: Lobbying (sehr brauchbar, glaubhafter als Junge)
O: Managementerfahrung (oft vorher gelebt, nun sein Kapital)
O: Meetings (effizienter führen, zu viel Plappern gab's früher nicht)
O: Mentoren-Tätigkeit (erfahrener „Punchingball", Advocatus Diaboli)
O: Netzwerk-Nutzung (er hat's, er bringt's, und er nützt es gerne)
O: Qualifikationskosten (sind geringer, er ist meist schon qualifiziert)
O: Teamfähigkeit (ist größer, automatischer Ausgleichsfaktor)
O: Tempoeinschätzung (besser, er weiß, wie langsam sich manches bewegt)
O: Verbilligung (von Produkten durch sein Fachwissen)
O: Verkauf (Augenhöhe durch Altershöhe)
O: Vernachlässigte Bereiche (z.B. Kosten, weiß oft, wo er hinschauen muss)
O: Vertragliche Gestaltungsfreiheit (ist weniger gebunden an gesetzliche Vorgaben)
O: Vorbild (Role Model, für Junge oft notwendig)
O: Wertschätzung (durch Firma bringt Erfolg, untereinander vorleben)
O: Wissens-Erhalt (Stichwort: Braintrust, Braindrain)
O: Work-Life-Balance (steht weit weniger im Vordergrund)

O: Zeitbudget gestaltbarer   (er ist einfacher verfügbar –
                                er kann es sich einteilen)

Abschließend daher: „Suachns eana ans aus, Herr Kommerzialrat!" – frei nach dem Buch „Verstehen Sie Wiener".[232] Wenngleich ich keiner bin und so meine Schwierigkeiten mit dem österreichischen „Wasserkopf" habe – allein, die Sprüche sind recht geistreich. Also: Bitte werter Personal-Chef – suchen Sie sich eine der Fähigkeiten aus, eine, die Sie besonders dringend benötigen, und erfreuen Sie sich an den dementsprechenden Vorteilen für Ihre Organisation. Der Erfolg wird Ihnen recht geben.

Damit aber keinesfalls der Eindruck entsteht, dass Beschäftigungsverhältnisse mit Alten immer ein Gewinn wären, hier der Vollständigkeit halber ebenso eine Liste von Nachteilen. Sie ist halt deutlich kürzer.

5.2 Nachteile für Betriebe/Organisationen

Alte blockieren
    Ältere sind nicht immer mit neuen Schritten einverstanden, oft blockieren sie Dinge ohne sachlichen Grund.

Alterssturheit
    Dem kann man schwer widersprechen, sie stellt sich bei manchen Ergrauten automatisch ein.

Arbeits-Neid-Diskussion
    Weniger von den Alten selber als von der restlichen Mannschaft, die vielleicht der Meinung ist, der Pensionist nähme jemandem den Job weg.

Arbeitsplatz – altersgerechte Adaptierung notwendig
    Manche Arbeitsplätze bedürfen einer Anpassung. Wenn

es z.B. ums Sitzen statt Stehen geht, um Hilfsmittel, die das Heben, das Tragen etc. erleichtern. Oft gereichen diese Einführungen jedoch zusätzlich zum Vorteil für die ganze Organisation.

Aufstiegsblockade anderer möglich
  Manche Kollegen mögen sich in ihrem Aufstieg behindert fühlen, da ihnen jemand vor die Nase gesetzt wurde.
Ausrüstung/Ausstattung eventuell notwendig
  Siehe oben.

Diskussion Jung – Alt im Betrieb
  Diese Diskussionen, die es in jeder Firma gibt, werden erneut angefacht. Laute „Bumbum-Musik" in einer Montagehalle könnte schon ein Auslöser sein.
Gegenwind – Arbeitnehmervertretungen
  Nach wie vor sind diese der Meinung, dass Bejahrte in Rente gehen sollen. Je früher, desto besser. Alte, geringfügig Beschäftigte zahlen auch keinen Gewerkschaftsbeitrag...

Gegenwind – Politik
  Das Unverständnis der Politik für den Umstand, dass das Arbeiten von Älteren der Volkswirtschaft mehr nützt als schadet.

Gegenwind – Standesvertreter
  Vertreter der Arbeitgeberseite sehen nach wie vor ungern, dass Firmen Pensionisten wieder- oder weiterbeschäftigen.

Gesundheitsrisiko
: Häufigere Abwesenheit durch Arztbesuche oder Krankheiten.

Kontrolle der Seniorenmitarbeiter sei schwieriger
: Alte entziehen sich gelegentlich einer Überwachung besser, sind eher „schlaue Füchse". Allerdings zeigen sie damit Kontroll-Lücken besser auf.

Kosten/Geld
: Auch Ältere kosten Geld. Kollektiv-/Tarifverträge lassen oft nichts anderes zu.

Loslassen fällt schwer
: Ältere tun sich schwerer mit dem „Lo-La-Prinzip". Also dem Loslassen, Freimachen, Freilassen etc. von irgendetwas.

Nachfolgeprobleme möglicherweise aufgeschoben
: Dadurch, dass Alte einen Job übernehmen, für den ein Nachfolger vorgesehen wäre, kann sich die Einstellung von Zweiterem verschieben.

Neid-Potenzial
: Uns Österreicher (betreffend die deutschen Kollegen weiß ich es nicht) könnte man getrost als ein Volk von Neidigen bezeichnen. Auf alles und jeden.

Freunderlwirtschaft wird möglich
: Nepotismus – wie es bei uns heißt: „Schatzerl-/Freunderlwirtschaft" – ist natürlich möglich. Jemand kriegt den Versorgungsjob nur, weil... etc.

Sonderstatus – Erklärungsbedarf
: Alte mit Sonderverträgen passen nicht so einfach in normale Strukturen. Daher wartet oft erhöhter Bedarf an Erklärungen.

Tradierte Vorstellungen aller
: Über die letzten 50 Jahre hinweg galt es als selbstverständlich, dass Ältere so bald wie möglich in Rente gehen. Jede Änderung ist vorerst fremd.

Unruhe in Belegschaft
: Daraus können durchaus Störungen der bisherigen Abläufe und folglich hinderliche Diskussionen entstehen.

Weiterbildung länger unterblieben
: Wenn der „alte Frischling" etwas länger aus dem Arbeitsprozess draußen oder in einem anderen Feld tätig war, fehlen ihm sicher entsprechende Fortbildungen.

Selbstverständlich ist weder die Liste der Vor- noch die der Nachteile vollständig, allerdings bereits ziemlich lang. Ich glaube nicht, dass weitere Argumente dienlich wären.

So sich Arbeitgeber und Arbeitnehmer entschließen, ein (erneutes) Arbeitsverhältnis zu begründen, kommen naturgemäß alle weithin geregelten Belange des Personalwesens zum tragen. Folglich eine Mindesteinstufung bei der Entlohnung, den Urlaubs- und Krankenstands-Regelungen usw. Sofern der Arbeitnehmer also in seiner bisherigen Einstufung mit ähnlichem Lohn eingestellt werden soll, muss es schon gewichtige Argumente geben, denn er wird – samt Nebenkosten – für den Arbeitgeber richtig teuer.

5.3 Beschäftigungsmodelle für Senioren

Vielleicht möchte der Pensionist keine 40 Stunden in der Woche arbeiten, allenfalls nur tage- oder stundenweise? Vielleicht benötigt der Arbeitgeber seinen Fachmann gleichfalls nicht das ganze Jahr hindurch, sondern nur projektbezogen? Ist es auch denkbar, dass der Ältere gar in einem gänzlich anderen Feld beschäftigt sein möchte? Sodass er sogar nach einer anderen Einstufung des Kollektivvertrags zu bezahlen wäre, was den Rentner damit deutlich kostengünstiger, sprich erschwinglicher machen könnte.

Egal in welcher Form ältere Mitarbeiter ein- oder wiedereinsteigen, wichtig ist, dass nicht zu viel Zeit seit dem Ausstieg vergangen ist. Wenn jemand Jahre aus dem Unternehmen weg war, ist eine Wiederintegration eher schwierig. Daher wäre es oft besser, ihn an der „langen Leine" an den Betrieb zu binden, ihm bereits frühzeitig ein Angebot für morgen zu machen. Wie ich ebenfalls bei meinen Interviews herausgefunden habe, wären ein Dabeibleiben, ein Mittun in geringerem Ausmaß durchaus etwas, das sich die Mehrzahl vorstellen kann.

Geringfügigkeit oder Minijob

Hier gibt es gesetzliche Limits von rund 450 bis 470 €, die tunlichst einzuhalten sind. Somit ist die Leistung, die der Arbeitnehmer erbringt, auf ein paar Stunden pro Woche limitiert. Soweit ich weiß, löst das keinerlei Kosten für Steuer- sowie Sozialversicherung aus (abgesehen von einer geringen Unfallversicherung), einzig bei der Besteuerung der Pension kommt es, durch das Zusammenlegen beider Einkünfte, zu einer leichten Anhebung. Und sogar das wird leider oft – trotz der in absoluten Zahlen meist geringen Höhe – als Hindernis angesehen.

Lösungsmöglichkeit: Der Arbeitgeber ersetzt dem Senior die zusätzlich anfallenden Steuern – freilich innerhalb der gesetzlichen Möglichkeiten!

Projekt-Firmen

Immer mehr Unternehmen lagern die älteren Mitarbeiter in eigene Sub-Firmen aus, die dann ihren jeweiligen Personalbedarf aus einem Pool von Pensionisten decken.

Vorteil für den Arbeitnehmer: Verträge haben meist eine überschaubare Laufzeit und die Versteuerung ist relativ gering, da über das Jahr gerechnet wird. Sozialversicherung für diese Zeit fällt natürlich an.

Rund 500 Rentner gehören inzwischen zum Experten-Pool bei Daimler.[233] Ihre Verträge sind auf maximal sechs Monate befristet. Günter, Meister im Fach der Gießerei, erfreut sich am Rentner-Job, wie ich in einem Audiobeitrag der Deutschen Welle hörte und weitestgehend wörtlich wiedergebe.[234]

Manchmal fallen Meister vom Himmel – sozusagen

„Wenn man sich mit seinem Alter (...) noch wohlfühlt und fit ist, spricht nichts dagegen und es macht Spaß. Ich muss nicht, ich darf! Es sollte Möglichkeiten geben", sagt Günter, er blickt stolz auf das Schild von Mercedes Benz neben ihm, „dass Personen, die sich fit fühlen, die gesund sind und Spaß an der Arbeit haben, auch weitermachen dürfen, da sollte es irgendwas geben, nicht starr mit 65 oder 67 jetzt da die Rente einführen", meint der rüstige Rentner, der mit 68 Jahren bei Daimler Benz arbeitet. Für den Meister der Gießereitechnik war mit 65 erst einmal Schluss. Er musste in Rente gehen, so will es das deutsche Gesetz. Später hat ihn der Auftraggeber Daimler für einen Großauftrag zurück-

geholt. Als sogenannten Senior-Expert. Jetzt arbeitet Günter mit einem jungen Kollegen zusammen, gibt sein Wissen weiter, immerhin bringt er rund 50 Jahre Berufserfahrung mit. „Wenn man auf die Leute zugeht, dann spürt man eine positive Resonanz und wird respektiert und man läuft hier nicht als Klon rum, dann ist der Spaßfaktor einer der größten".

Aber auch abseits der reinen Dienstgeber-Dienstnehmer-Beziehungen gibt es weitere Möglichkeiten, Fachkräfte weiter an die Firmen zu binden. Beispielsweise Rentner, die sich selbstständig machen.

Senioren-Start-up

Eine keineswegs unerhebliche Zahl von Menschen im Ruhestand muss – aus ökonomischen Gründen – allenfalls will aus verschiedenen anderen, wieder beschäftigt sein oder werden. Oft sogar erst nach Jahren im Ruhestand. Einige Pensionisten machen sich jetzt zum ersten Mal überhaupt selbstständig, erstaunlicherweise sind das rund 7-10 % aller jährlichen Unternehmens-Gründungen.[235] Einer Studie zufolge gibt es sogar mehr „Jungunternehmer" mit 60 als mit 25 Jahren![236] Konzerne unterstützen manche dieser Kleinfirmen, da sie wesentlich flexibler und daher rascher am Markt reagieren, was vor allem in der digitalen Welt von enormem Vorteil ist. Somit können ehemalige Mitarbeiter mit nun eigenen Betrieben neben ihren eigenen Kunden dem vormaligen Arbeitgeber ebenfalls zuarbeiten, wodurch sie eine größere Chance haben zu überleben.

Zum leichteren Einstieg in die Selbstständigkeit sind Spezialisten[237], auch Agenturen[238] am Markt, die helfen, die neuen Perspektiven auch richtig umzusetzen. Sie beraten in den weiten Feldern von z.B. Produktentwicklung, Umsetzung, Finanzierung usw.

Apropos Start-up und Überleben

Als ich Jungunternehmer war, gerade erst so vor rund 40 Jahren, überlebte von drei Gründern – einer. Heute liegt die Ausfallsrate zwischen 50–80 %[239], je nach Statistik und Zeitraum. Auf jeden Fall ist sie hoch. Die Ursachen sind mannigfaltig, hauptsächlichen jedoch: fehlendes Konzept, am Markt vorbei, das falsche (meist nur junge) Team sowie besonders – die fehlende Liquidität. Junge Unternehmen benötigen Kapital, wenn dann das eigene, wie das von der Oma, nicht reicht, zusätzlich auch welches von Banken, ggf. Investoren. Die Geldgeber, da selbst in den spezifischen Geschäftsfällen meist weniger bewandert, (be)urteilen in der Regel nach vorgelegten Business-Plänen mit wunderbaren PP-files samt farbigen Balkendiagrammen verwoben mit rosaroten Marktchancenberechnungen. Selbst wenn sie diese penibelst studieren, gehen dennoch viele dieser „Unicorn[240]-Gründer" pleite. Daher diese Idee:

Was wäre, wenn die Investoren bzw. Geldgeber (alle außer der Oma halt) ihr Kapital nur dann zur Verfügung stellten, wenn das Start-up sich verpflichtet, sagen wir einen Halbtag pro Woche jemand aus einem Senior-Experten-Pool mit zu beschäftigen. Der stünde für Fragen spezifischer oder allgemeiner Natur zur Verfügung, als Mentor, Reibebaum, darüber hinaus als Seelenklo. Wenn ein weiterer Bedarf am jeweiligen Fachmann nicht mehr gegeben wäre, so möge ein anderer aus dem Pool herangezogen werden. Das Geld vom Investor wäre an diese Bedingung geknüpft, so unter dem Motto: „Nix Experte – nix Flocken."[241]
Ein erfolgreiches Beispiel für ältere Teilzeit-Arbeitnehmer in einem Betrieb voller Jungspunde habe ich beim Talente-Pool der Pensionisten von WisR[242] gefunden. Diese Organisation bietet eine Vermittlung von Senior-Experten an, über WisR Enterprise, inzwischen auch Wissens- und Kontakt-Datenbanken für große

Firmen. Die folgende Geschichte darüber ist teilweise anonymisiert, auf eine lesbare (nicht wissenschaftliche) Form gekürzt:

Erfolgreiches Start-up dank Rentner-Expertise

„Wie ein kleines High-Tech-Start-up auf Intergenerationalität und fachliche Erfahrung setzt"[243], heißt der Artikel, den ich bei growwisr.com fand:

Wer hätte gedacht, dass sich in einem ruhigen Hinterhof einer unscheinbaren Einbahnstraße ein High-Tech-Startup verbirgt, welches federleichte Stützhilfen (Exoskelette) zur Entlastung des menschlichen Körpers während der Arbeit konzipiert. Der Rentner Richard ist Spezialist auf dem Gebiet der technischen Zeichnung und hilft dem jungen Startup.

John ist ein Experte auf dem Gebiet der Robotertechnik. Er hat seine Masterarbeit zu dem Thema an der Harvard University erarbeitet und beschäftigt sich schon seit Längerem mit Exoskeletten. Gemeinsam mit Veronika gründete John im Dezember eine GmbH, um in einem intergenerationalen Team diverse Arten von modernen Stützhilfen zu entwickeln. Derzeit arbeitet das Team an zwei unterschiedlichen Modellen, die beide zur Entlastung bei schwerer körperlicher Arbeit z.B. am Fließband oder in der Logistik beitragen sollen. Die Exoskelette werden mit Orthopäden entwickelt, sie dienen der Prävention von gesundheitlichen Schäden bei schwerer, einseitiger Arbeit.

„Senior Talent" Richard kam dem jungen Unternehmen mit seiner fachlichen Kompetenz wie gerufen. Er bringt jene Erfahrung mit, die ein High-Tech-Startup von Beginn an benötigt. Denn auch wenn viele Fertigkeiten auf theoretischem Wissen basieren und auf dem Computer wie geschmiert ablaufen, so kann es manchmal an den praktischen Kenntnissen scheitern. Richard hat Spaß

an neuen Herausforderungen. Dass ein Startup mitunter anders funktioniert als ein Großkonzern, stört ihn nicht im Geringsten.

Ob Richard gleich nach der Pensionierung oder erst nach einiger Zeit in den Job einstieg, ist mir unbekannt. Auf jeden Fall ist er von hoher Bedeutung für seinen derzeitigen Arbeitgeber. Von Belang sind aber alle Rentner „im Umkehrschwung". Wenn ein solcher Mensch in Pension geht, auch keinen besonderen Plan für danach hat, so genießt er hoffentlich – erst einmal – die Freiheit und/oder tut, was er schon immer tun wollte. Kümmert sich um Haus, um Garten, im Idealfall auch um die Familie und erfreut sich an all den Urlauben und Reisen, die er lange geplant hat. Irgendwann aber – hat sich's ausgereist. Selbst jeden Tag im Liegestuhl ist keineswegs soo prickelnd, und täglich Wienerschnitzel erst recht zum Kotzen.

Vielleicht beschließt er erst dann wieder zu arbeiten, sei es als Selbstständiger oder als Dienstnehmer. Bei einer anderen Firma als zuvor, eventuell sogar bei derselben wie früher. Bumerang-Mitarbeiter nennt man sie dann.

Wenn die Boomer zum Bumerang werden

„Der Ausdruck ‚Boomer' bezieht sich auf die Personen, die zur Zeit des ‚Baby-Booms' geboren wurden. Dieser Zeitraum umfasst ungefähr die Mitte der 1950er und 1960er Jahre, somit sind die jüngsten Personen aus dieser Generation heute um die 60 Jahre alt", weiß die netzwelt.de[244] und bei Wikipedia lesen wir: „Als Babyboomer, Baby-Boomer oder Boomer bezeichnet man sowohl einzelne Menschen als auch die Gesamtheit der (...) gesellschaftlichen Generation, die zu den Zeiten steigender Geburtenraten nach dem Zweiten Weltkrieg oder anderen Kriegen in den vom Krieg betroffenen Staaten geboren wurden".[245] Gehen wir davon aus, dass ein gewisser Prozentsatz der in Rente Gehenden danach wieder- bzw. weiterarbeiten will; je mehr Leute in Pension gehen, desto höher steigt die absolute Zahl der eventuellen Rückkehrer. Es wird daher sowohl für sie selbst als auch für Betriebe/Organisationen wichtig, ein entsprechendes Betätigungsfeld zu finden.

Der Nutzen für die Firmen? „Für den Arbeitgeber hat die Rückkehr ehemaliger Fachkräfte mehrere Vorteile", lese ich bei der Frankfurter Rundschau. „Erstens entfällt die oft kosten- und zeitintensive Einarbeitung. Zweitens weiß er meistens ziemlich genau, welche Leistung und Qualität er vom neuen alten Kollegen erwarten kann. Das gilt umgekehrt genauso für den Rückkehrer: Missverständnisse sind bei einem Comeback in der Regel ausgeschlossen."[246] Die Beweggründe der „Bumeranger"? „Hier sind die vier [sic!] wichtigsten Gründe: Um seine Karriere voranzutreiben, sich neue Fähigkeiten anzueignen oder eine höhere Bezahlung zu erhalten", schreibt Philipp Klein von HR-talk, und weiter: „Um etwas anderes auszuprobieren oder einer Leidenschaft nachzugehen. Um sich auf ein wichtiges Lebensereignis zu konzentrieren (…) saisonal zu arbeiten. Zum Beispiel Rentner, die planen, nächstes Jahr wieder zurückzukehren."[247]

Eines ist sicher: Wenn zukünftige Ex-Rentner wieder beschäftigt werden wollen, so tun sie das nur, wenn sie entsprechende Wertschätzung erfahren. Vermutlich auch schon erfahren haben. Ein tolles Beispiel für die Kombination von „gebraucht-werden" sowie „Weitergabe-von-Wissen", gepaart mit „Mentoren- und Lehrtätigkeit" sind die beiden älteren Herrn namens Kurt und Walter:

Man darf nie anfangen aufzuhören!

Freitag, es ist sieben Uhr in der Früh, Kurt und ich treffen uns an der Bauakademie in Übelbach. Wir, die zwei „Alten", Kurt mit fast 82 Jahren, ich, Walter, in 2 Monaten 80, setzen uns seit über 30 Jahren ehrenamtlich mit nur bescheidenem Spesenersatz für die Aus- und Weiterbildung von Baulehrlingen sowohl in der Steiermark als auch in ganz Österreich ein. Man nennt Kurt auch den „Lehrlingsopa". Wie sie wohl zu mir sagen?

Beide sind wir wie meistens voller Tatendrang, denn heute ist für zehn „unserer" Lehrlinge (Azubis) ein großer Tag. Der Landes-Lehrlingswettbewerb findet statt. Nach dreijähriger Ausbildung im Baubetrieb, an der Berufsschule und am Lehrbauhof wird der beste steirische Hochbauer-Nachwuchs ermittelt, der nach weiteren Ausscheidungen Österreich bei den Workskills 2022 in Schanghai oder bei den Euroskills 2023 in Sankt Petersburg vertreten kann. Heute gibt es Siegerehrung, strahlende Gesichter von Gewinnern, Eltern, auch den Firmeninhabern – diesmal war sogar ein weiblicher Lehrling darunter. Eine super Leistung!

Damit ist für heute die offizielle Arbeit getan, Kurt fährt nach Hause, ein großer Garten wartet auf seine Pflege. Übermorgen wird er wieder bei den Bauverhandlungen in sieben Gemeinden des Bezirkes Bruck-Mürzzuschlag als technischer Amtssachverständiger mitentscheiden, und bei diversen Baustellen als Baustellenkoordinator arbeiten. Ich selbst fahre in die Berge und werde die nächsten zwei Tage auf dem Dachsteingletscher meine Trainingsrunden ziehen. Zur Vorbereitung auf die nächsten Weltmeisterschaften. Als Sieger der letzten habe ich ja was zu verlieren, und auch, damit mein Ruf als „Sportopa" bei meinen sechs Enkelkindern gerechtfertigt ist. Gleichzeitig kann ich mich dabei herrlich auf die nächstwöchigen vier Prüfungstage einstimmen. Dort bin ich nämlich Mitglied der Brunnenmeister-Prüfungskommission.

Damit schließt sich wieder ein Wochenkreis, wo Kurt und ich gut beschäftigt sind. Mit Gelassen- auch Zufriedenheit, damit wir nie „anfangen aufzuhören".

Ich glaube, die beiden rüstigen Herren haben André Marois[248] gelesen, von dem dieses Zitat entlehnt ist. „Altern ist eine schlechte Gewohnheit, die ein beschäftigter Mann gar nicht erst aufkommen lässt."

Was den beiden Herren besondere Befriedigung bereitet, ist der Respekt, den man ihnen gegenüber erbringt. Die Freude, die jene ausstrahlen, denen sie im hohen Alter zur Verfügung stehen. Womit wir beim neudeutschen Ausdruck wären, der das alles beinhaltet: der „Wertschätzung".

5.4 Wertschätzung

Gelebte Anerkennung (Achtung/Ansehen/Respekt etc.) ist zu einem der meistunterschätzten Hebel in der Unternehmensführung geworden. Heute, da sich meist Mitarbeiter ihre Firma aussuchen können (früher einmal war es umgekehrt), ist ihre Erwartungshaltung betreffend Respekt, Interesse und Wohlwollen sehr groß geworden. Zunehmend seltener jedoch geht das mit der Erziehung oder Einstellung der Kollegen, zuweilen auch der Vorgesetzten einher. „Die Klagen über geringe Wertschätzung nehmen zu", schreibt Lindinger bei Springer[249], „glaubt man den Mitarbeiterbefragungen großer Unternehmen. Auf der Seite der Führungskräfte hört sich das Thema oft völlig anders an. ‚Warum soll ich immer lächeln, wenn ich mit meinen Mitarbeitern zusammenkomme?', beschwere sich kürzlich bei mir ein Amtsleiter. Ein anderer, Geschäftsführer einer Facility Management-Firma, fuhr sogar noch gröbere Geschütze auf. ‚Diese verdammte Wertschätzung', entrüstete er sich. ‚Meine Personalleiterin führt dieses Wort wie

eine Waffe gegen mich ins Feld.'" Für ein entspanntes Arbeitsverhältnis nicht wirklich ein guter Boden, begründet vielleicht zugleich darin, dass das dortige „Boden(pflege)personal" berufsbedingt öfter auf die Knie fallen muss.
Durch die manchmal fast schon inflationäre Verwendung des Begriffs und eventuell auch wegen der Verwechslung desselben mit Lob bzw. Anerkennung verkommt er oft zu einer Floskel. Zur gelebten Wertschätzung jedoch, so Karsten Noack, gehören Respekt, Anerkennung und Wohlwollen. Sie zeichnet sich durch Interesse, Aufmerksamkeit, Zugewandtheit und Freundlichkeit aus.[250]

Die folgende Geschichte von Barbara, einer international angesehenen Journalistin jenseits der 80, passierte in einer Non-Profit-Organisation und handelt von Wertschätzung in einem Feld, wo sie überrascht. Möge sie als Indiz dafür dienen, dass die oben genannten Attribute nicht immer eine Sache gleicher Kultur oder ähnlichen Sozialstatus sind.

Unerwartet

Deutschkurs für Asylwerber bei der Caritas. Ich, 85 Jahre alt, sehe mich als Kursleiterin einer neuen Teilnehmergruppe zugeteilt, die zu einem erheblichen Teil aus jungen tschetschenischen Männern besteht. Sie sind praktizierende Muslime, stolze Krieger, selbstbewusste Machos. Einige haben bereits Gefängnisaufenthalte wegen Gewaltdelikten hinter sich. Na servus, denke ich mir. Das kann ja heiter werden. Ich bin gespannt, was da auf mich wartet.

Es wartet eine angenehme Überraschung. Meine Schüler sind interessiert, engagiert, höflich, hilfsbereit, auch charmant. Wenn ich mit einem Packen Arbeitspapiere den Raum betrete, steht sofort ein Kursteilnehmer neben mir und fragt artig: „Darf ich hel-

fen?" Ich bin begeistert. Irgendwann fasse ich mir ein Herz und frage: „Was ist eigentlich in euch gefahren? Es ist ja wunderbar mit euch. Ich habe gedacht, ihr lasst euch von einer Frau nicht so gern was sagen?!" Ich bekomme, wie aus der Pistole geschossen, die Antwort: „Bei uns hat man Respekt vor dem Alter!" Hm. Ich werde nachdenklich. Und stelle fest: Manchmal, selten genug, ist es ein Vorteil, alt zu sein.

Fazit:
Die Einbindung von Pensionisten ist heute wichtiger denn je, sie entspricht darüber hinaus dem Zeitgeist. Die Menschen leben länger, bleiben aber gleichzeitig gesünder und somit „jünger". Das befähigt sie dazu, verschiedenste Tätigkeiten in den Betrieben durchzuführen. Arbeit wie Arbeitsverhältnisse sollte man daher dringend neu denken, dies sowohl im Hinblick auf die Beschäftigungsverhältnisse als auch auf die Entlohnung. Die Vorteile, Rentner in irgendeiner Form zu beschäftigen, sind mannigfaltig, sie überwiegen die Nachteile bei Weitem. Die notwendige Wertschätzung wird zunehmend ein zentrales Thema der Wirtschaft – und damit ebenso bei der Beschäftigung von Senioren.

Zum Abschluss dieses Kapitels noch das Thema Betriebsnachfolge. Sie fragen sich sicher, sollte da nicht genau das Gegenteil passieren? Sollten da nicht die Alten weichen, damit die Jüngeren nachkommen? Recht haben Sie – und dennoch.

5.5 Betriebsnachfolge oder Nachfolger im Management

Eine Firma zu übergeben, hat technische, ökonomische wie rechtliche, schließlich vor allem humane Komponenten. Rechtzeitig geplant und gut vorbereitet – trotz aller Reibung zwischen den Beteiligten – kann sie zu einem positiven Fortbestand der Organisation führen. Oft sogar zu einem Aufblühen, da der

Übergeber in seinen späten Jahren manchmal weniger innovativ geworden ist als die meist risikofreudigere Jugend. Schlecht gemacht, führt sie zur Gefährdung der Firma und zu massiven menschlichen Verwerfungen, die oft Generationen überdauern können. Fangen wir mit einer nicht so toll abgelaufenen Variante an, die daneben freilich von den Fähigkeiten der Betagteren erzählt.

Mühsames Zurückrudern

Mein Freund Alfred und ich hatten oft über unsere Nachfolger gesprochen. Er, so Anfang 70, hatte sechs Kinder aus zwei Ehen und wollte sich aufs Altenteil zurückziehen. Obwohl der Handelsbetrieb rund 30 Mitarbeiter hatte sowie mehr als 50 Franchise-Läden, war es der Struktur nach eine One-Man-Show. Entwachsen einem Familien-Unternehmen, das er klein übernommen, in der Folge den Umsatz und die Mannschaft vervielfacht hatte, um schlussendlich durch Anpassung an den sich dauernd ändernden Markt wieder deutlich kleiner zu werden. Der Umsatz pendelte sich für einige Jahre vor der Übergabe so bei rund 50 Mio. ein, der Nettogewinn bei – in dieser Branche beachtlichen – rund 5–6 Mio./Jahr. Trotz enormer Ausgaben fürs Marketing. Vermutlich genau deshalb.

Er übergab seine Firma einem Sohn, ohne so glaube ich mich zu erinnern, mit seinen anderen Kindern explizit gesprochen zu haben. Er zog sich zurück. Oder tat zumindest so, als ob er sich zurückzöge. Wichtige Entscheidungen behielt er sich vor. Der Junior begann also zu werkeln, änderte die Produktlinien auf „jung", wechselte eine Reihe von Führungspersonen aus und zeigte den Filialleitern, wo es lang ginge. Meinte er. Wieviel der Altvordere mitsprach, vermag ich nicht zu sagen, wohl aber, dass er kaum mit allem einverstanden war – was er auch deutlich kundtat. Der Junge jedenfalls werkelte weiter, gab ebenso viel Geld fürs Marketing aus – allerdings für eine etwas andere Verkaufsförderung als der Herr Papa – auch stand er oft positiv in der Zeitung. Nach einem Jahr die Bilanz: diesmal kein Gewinn. Es verging ein weiteres Jahr, die Produktlinien wurden jünger, nur die Käufer nicht. Bilanz: negativ. Ein paar Millionen. Als dann die dritte noch „röter" statt schwärzer wurde, sah auch der Herr Papa rot und zog die Notbremse. Er kaufte, gegen gutes Geld, nach kräftigen Auseinandersetzungen seinem Sohn den vorher geschenkten Betrieb wieder ab und re-re-formierte ihn. Resultat: wieder ein paar Millionen Gewinn im Folgejahr sowie im darauffolgenden. So hatte er eine eher schlecht gemachte Übergabe wieder in eine Erfolgsgeschichte gedreht. Der interfamiliäre Schaden und die enormen emotionalen Belastungen wirkten jedoch Jahre nach.

Da fällt mir eine ähnliche, jedoch gleichzeitig gänzlich andere Geschichte ein: In meinem Bekanntenkreis gab es einen sehr erfolgreichen Gewerbetreibenden, dessen Sohn ebenfalls als Nachfolger vorgesehen war.

Es kann nur einen geben

Dieser wurde schon von klein auf darauf vorbereitet, arbeitete laufend in der Firma mit, und als der Chef die Zeit für gekommen hielt, er war über 65, übergab er an den Junior. Und blieb. Und wie er blieb! Geschäftsentscheidungen, die sein Missfallen erregten, wurden gnadenlos „over-ruled", der Junior wurde, besonders vor Kunden, immer in der ihm zugewiesenen Rolle gezeigt, de facto hatte sich kaum etwas geändert; bloß, dass der Seniorchef jetzt jemanden hatte, der all das tun sollte, was ihm selbst unangenehm war. Das ging nicht lange gut und der Junior „vertschüsste" sich ins Ausland, um dort einen eigenen Betrieb aufzubauen. Was auch innerhalb kurzer Zeit gelang.

Ein paar Jahre später wurde der Senior müde(r) und war nun doch gewillt, seinem Sohn mehr Freiheiten zu gewähren. Demnach klopfte er bei diesem nochmals an, und siehe da, der Junge sagte zu. Unter einer Bedingung: Dass der Vater, ab dem Moment, da der Sohn in den Betrieb ginge, alle Schlüssel abgäbe, außerdem nur gegen Voranmeldung bei der Chefsekretärin die Firmen-Räumlichkeiten wieder beträte. Der Vater willigte ein. Heute ist das Unternehmen enorm gewachsen und sehr erfolgreich.

Sonderfall Familien-Konzerne

Beides Beispiele für eigentümergeführte Firmen, die zusätzlich, sofern sie sich zu Konzernen entwickelten, noch mit der Schwierigkeit zurechtkommen müssen, dass die Zahl der Anteils- und Bezugsberechtigten von Generation zu Generation steigt. Immer mehr Menschen, die mitreden, obwohl sie in der Regel zum Gelingen nichts beitragen. Von Beruf oft „Sohn" oder „Tochter" sind und von Wirtschaft selten eine Ahnung haben. Wohl aber davon, was „ihnen zusteht". Ein weites Feld für Advokaten, auch für Gerichte. Beizeiten ist die Einigung auf eine Fremdführung, allenfalls eine Aufteilung, das einzig brauchbare Werkzeug, die Unternehmen am Leben zu halten.

Da passt vielleicht gleichfalls dazu, dass Ältere nicht zwangsläufig die Besseren sind. Egal, ob in leitender Funktion, als einfache Mitarbeiter an einer Maschine oder auch in der Dienstleistung. Oft genug muss man sich von ihnen trennen, eben weil sie alt, oft starrsinnig geworden sind. Und – weil sie dadurch dem Fortschritt massiv im Wege stehen.

Harte Bandagen

Auch bei großen, von Managern geleiteten Konzernen stellt sich früher oder später die Nachfolgefrage. Die hochprofessionellen Vorstände – über deren teilweise unanständige Gehälter ich mich hier nicht auslassen möchte (obwohl es mich drängt) – müssen sich ebenfalls irgendwann Gedanken darüber machen, wer ihnen nachfolgen soll. So dies nicht ein Manager aus einem ähnlichen Feld mit fast gleichen Bedingungen ist, benötigt dieser eine gewisse Einarbeitungszeit. Übersehen nun die Macher (absichtlich? unabsichtlich?) den richtigen Zeitpunkt oder klammern sie sich zu sehr an ihren Manager-Sessel, so wären Aufsichtsorgane trefflich beraten, sich von ihnen zu trennen. Selbst wenn ihre Performance im Moment noch hervorragend sein sollte.

Ein Geheimnis des Lebens – Timing[251]

Als Letztes betreffend Übergabe noch ein paar Zeilen zum guten Timing, gleichsam als Inspiration. „Wenn wir heute gefragt werden, was wir anders hätten machen sollen, so fällt uns wenig ein", sagen sowohl die Nachfolger als auch der Übergeber in einem Zoom-Meeting über Unternehmensnachfolge. Der Vorteil der drei war sicher, dass sie alle wenig streitbar erscheinen, und dass die Übergabe langfristig vorbereitet wurde. Heute, fünfzehn Jahre später, hat sich das Unternehmen prächtig entwickelt, beschäftigt die doppelte Zahl an Mitarbeitern und ist bestens abgesichert. Sicher geholfen hat, dass das Geschäftsfeld nicht wirklich vom Aussterben bedroht ist und die Obrigkeit den kräftigen „Zutreiber" von Klienten spielt. Nein, es ist keine Anwaltskanzlei...

„Allzu oft haben wir in unserem Umfeld gesehen", sagt der Senior, „dass dieses Thema viel zu lange aufgeschoben wurde, plötzlich waren die Proponenten alt." Und weiter: „Nicht, dass ich

Druck ausgeübt hätte, aber ich habe vorgesorgt, dass die Jugend die richtige Ausbildung bekommt, auch nach Schule und Universität zusätzlich in andere Firmen bzw. ins Ausland gehen konnte". Über mehrere Jahre hinweg hatte sich dann der zukünftige Pensionist mit seinen zwei Söhnen immer wieder zusammengesetzt, und auf einer ausgedehnten Busreise habe sich [zufällig?] die Gelegenheit ergeben, stundenlang Details zu besprechen. Dabei „erkannte ich", meint der Senior, „an den – richtigen – Fragen, dass die Zeit reif war." Ob er anschließend weiter gearbeitete hätte? „Ja und nein. Ich bin in ein kleines Büro gezogen, das Chefbüro wäre ja jetzt der falsche Ort gewesen, das falsche Signal an die Kunden, dort habe ich nur noch ein paar eigenen Klienten geholfen. Außerhalb des normalen Geschäftsbetriebes. Somit stand ich für Fragen zur Verfügung und ließ dennoch die Nachfolger schalten und walten, wie sie wollten". Falls Sie jetzt neugierig geworden sind, wer denn das so gut hingekriegt hat – es war ein Steuerberater. Mein Steuerberater.

Wenn ich noch eine sehr persönliche Bemerkung hinzufügen darf – die Anwälte mögen mir verzeihen – so sollten meiner Meinung nach strittige juristische Probleme, besonders wenn es um Nachfolge, Eigentum respektive Verträge geht, besser von Notaren als von Rechtsanwälten gelöst werden. Zweitere leben nämlich vom Streit, Erstere vom Ausgleich.

Fazit:
Die Nachfolgeregelung sowohl bei von Managern als auch von Eigentümern geführten Firmen muss unbedingt rechtzeitig erfolgen. Zu späte und/oder schlecht gemachte Übergaben gefährden den gesamten Betrieb. Ein zizerlweiser[252] Rückzug der Altvorderen erweist sich meist als schlechte Idee. Das Dreinreden in die laufenden Geschäfte ist meist kontraproduktiv und zusätzlich sind die Jungen blockiert – ganz besonders jedoch die Belegschaft. Denn wie sagt der

Volksmund? „Es kann nur einen Chef geben", oder: „Viele Köche verderben den Brei."

Haben sich die vorangegangenen Kapitel mit dem „Arbeiten bzw. Tätigsein" von älteren Menschen beschäftigt, daran anschließend mit den diesbezüglichen Möglichkeiten der Unternehmen und Organisationen, so fehlt nur noch der Blickwinkel der Allgemeinheit. Wie die Gemeinschaft mit dieser besonderen Situation umgeht und wie sie vielleicht doch besser umgehen sollte.

Kapitel 6 - Gemeinschaft

Wir – Das sind alle

Im Sinne der Soziologie sowie der Wirtschaftsbeziehungen betrachte ich hier das Zusammenleben und -arbeiten von Menschen in unserem Land als eine Gemeinschaft[253] und mache keinen Unterschied zur Gesellschaft.[254] Was bedeutet es für uns, wenn Pensionisten länger arbeiten oder tätig sind? Was könnten die Auswirkungen im positiven, aber auch im negativen Sinn sein? Was läuft gut, was schlecht? An welchen Schrauben gehört dringend gedreht?

Wenn wir von den Senioren bzw. von den Alten im Zusammenhang mit diesem Buch sprechen, so handelt es sich einerseits um Menschen, die beschlossen haben, nicht in Regelpension[255] zu gehen. Sie betätigen sich beruflich beispielsweise einfach trotz Ruhestandsalter weiter. Andererseits sind es Menschen, die, nachdem sie in Rente gegangen waren, vielleicht wieder arbeiten wollen. Beide eint, dass einmal der Zeitpunkt gekommen war, an dem sie sich in den Ruhestand hatten – hätten – begeben können.

6.1 Pension bzw. Rente

Wenn man daher ein bestimmtes Alter erreicht hat und weitere Voraussetzungen wie z.B. Jahre der Einzahlung in Rentenkassen etc. erfüllt, so besitzt man den Anspruch auf einen Ruhebezug, also ein arbeitsloses Einkommen. Eine wunderbare Sache, die es in dieser Form erst seit rund 150 Jahren gibt. Ihre Höhe ist deutlich unterschiedlich, selbst wenn vergleichbare Arbeiten von gleichartig ausgebildeten Menschen ähnlich lange vorgenommen wurden. Ein Anachronismus.

Diktions-Unterschiede / Deutschland–Österreich

Deutschland: „Eine Pension erhalten Beamte, die das Pensionsalter erreicht haben"[256], heißt es bei rp-online.de, ganz korrekt würde es vermutlich sogar heißen: Sie kriegen ein Ruhegehalt.[257] Dann weiter bei rp: „Rente bekommen diejenigen, die als Arbeitnehmer während ihres Arbeitslebens in die gesetzliche Rentenversicherung eingezahlt haben."

Österreich: „In Österreich waren früher Pensionisten (...) nur ehemalige Beamte, während Rentner ehemals in der Privatwirtschaft gearbeitet haben"[258], lerne ich bei wikipedia, auch hier wäre eine korrekte Bezeichnung für die öffentlich Bediensteten: ein Ruhegenuss.[259] Weiter beim Internetportal: „Heute beziehen alle ehemaligen Arbeitnehmer Pensionen, die allerdings nicht den gleichen Berechnungsgrundlagen, wie z.B. Durchrechnungszeiten, unterliegen. Heute werden Pensionsbezieher durchgehend als Pensionisten bezeichnet".

Und – kennen Sie sich da noch aus? Ich fasse zusammen: In Deutschland bekommen Beamte eine Pension, wohingegen Arbeitnehmer eine Rente kriegen. In Österreich bekommen alle eine Pension. Daher kurz ein Ausflug in die Geschichte, die in Deutschland und Österreich über weite Strecken sehr ähnlich verlaufen ist.

Die Entwicklung der Pension

Die Versorgung der Älteren war in der Geschichte ein hoch kontroversielles Thema. Waren die einen der Meinung, dass die Alten geehrt, ihre Leistung für die Familie und die Gesellschaft belohnt werden sollten, selbst dann, wenn sie sich nicht (mehr) einbringen konnten, so standen andere auf dem Standpunkt, das wäre keineswegs das, was sie wollten.

Der griechische Philosoph Platon[260] formulierte schon um 400 vor Christus so etwas wie einen Generationenvertrag:[261] „(...) die Jungen schulden den Älteren die Fürsorge und können dies im eigenen Alter wiederum von ihren Nachkommen erwarten". Später, im 14. Jahrhundert mit Bezug auf Marquard von Lindau,[262] heißt es beim Münchner Seniorenbeirat: „Der Generationenvertrag wurde im Mittelalter vornehmlich im Kontext des vierten Gebotes gesehen. ‚Seine Eltern ehren' [Du sollst Vater und Mutter ehren), gebietet es und: ‚ihnen in sichtagen und auch in kranckheit beizustehen und sie mit speiße und mit der notduerft des leibes zu versorgen'. Glaubt man den Predigern und Moralisten, drückten sich die Kinder gerne vor ihrer Betreuungspflicht. Aber trotzdem: Die Kinder übernehmen meist die Altersversorgung der Eltern, besonders der Mutter. Die Fürsorge für Alte, Kranke und Behinderte war zwar weitgehend die Aufgabe der Familie und des sozialen Umfeldes, aber bereits im Frühmittelalter traten die klösterlichen Spitäler auf."[263]

Rege Interpretationen sowie indirekte Versorgungs-Konstruktionen waren sowohl in der Kirche als auch im Bauernstand an der Tagesordnung. Stichwort: Ausgedinge-Regelungen[264] für Priester und Bauern. So richtig institutionalisiert hat sich die Altersversorgung vorerst für Beamte in England, diese Regelung übernahmen bald diverse europäische Staaten.

„1775 gründete Preußen eine ‚Allgemeine Witwen-Verpflegungsanstalt', der ab 1800 alle Beamten beitreten mussten", weiß der Altersforscher Bernd Fischer[265], daneben: „Seit dem ausgehenden 19. und verstärkt im 20. Jahrhundert wurde dieses System der versicherungsgestützten Altersversorgung dann in verschiedenen Stufen bekanntlich auch auf die Arbeiterschaft, deren Angehörige und schließlich nach dem Zweiten Weltkrieg ebenso auf die bäuerliche Bevölkerung übertragen."

Unter dem deutschen Reichskanzler Otto von Bismarck[266] kam 1889 die erste gesetzliche Lösung für eine Unfall- und Altersversorgung. Auszahlbar, ausgenommen bei Invalidität, ab dem 70. Lebensjahr. Die durchschnittliche Lebenserwartung zu dieser Zeit betrug allerdings bei Frauen rund 42 Jahre, bei Männern gar nur 40! Kaum jemand erreichte demnach das Rentenalter. Ein Eldorado für die Versicherungen! Ab 1911 reduzierte man das Antrittsalter auf 65 Jahre, dessen ungeachtet kamen noch immer wenige in den Genuss einer Altersversorgung.

Erst 1957 erfuhr sie eine grundlegende Reform: Das Umlageprinzip wurde eingeführt. Man sparte daher nicht mehr auf die eigene Pension an, sondern diese finanzierte sich ab nun durch laufende Beitragszahlungen. Die stetig steigende, durchschnittliche Lebenserwartung betrug bei Männlein und Weiblein bereits ca. 65 Jahre; etwa die Hälfte der Bevölkerung bekam damit die Chance, ihren Rentenantritt zu erleben. Heute? Ja heute werden wir statistisch ganz grob gerechnet rund 80 Jahre alt, sodass wir im Schnitt 15 weitere Jahre unseren Ruhestand genießen dürfen. Einige auch viel länger. Flapsiger ausgedrückt:

„Wenn Sie Glück, und vielleicht bei der Bahn gearbeitet haben, kriegen Sie eventuell sogar gleich lang Ihren Ruhebezug, wie Sie zuvor gearbeitet hatten. Auf jeden Fall liegt heute zwischen dem Antritt unserer Rente und unserem Abdanken von dieser Bühne mehr Zeit als je zuvor."[267]

Frühpension

„Unter Frühpension versteht man die Inanspruchnahme einer vorzeitigen Alterspension vor dem regulären Pensionsantrittsalter", heißt es beim Arbeitsmarktservice[268], außerdem: „Beispielsweise können Arbeitnehmerinnen und Arbeitnehmer wegen Krankheit oder Invalidität, aber auch aufgrund besonderer Schwerarbeit oder bei lange andauernden Arbeitsverhältnissen einen Antrag auf vorzeitige Pension stellen."[269] Dass speziell wir Österreicher besonders kämpferisch sind, wenn es um Frühpensionierungen geht, drückte der renommierte Sozialforscher Bernd Marin einmal so aus:[270]

„Wenn es um unser wohlerworbenes Recht auf abschlagsfreie Frühpension geht, sind wir von unglaublichem Fleiß, zähem Begründungsfuror und kreativem Einfallsreichtum – wie als Schwarzfahrer in der Bim. So viel Motivation bringen wir auf, um Recht zu behalten und Gewohnheiten beibehalten zu können, die wir zu Unrecht für Rechte halten – nur weil rund 90% mit Höchstgeschwindigkeit in die Frühpension rasen. Massenkarambolage vorprogrammiert."

Etwas weniger blumig, wenngleich im Kern gleich: „Umfragen zeigen: Rund jeder zweite Berufstätige möchte sich vorzeitig pensionieren lassen. Gründe für eine Frühpensionierung sind aber vielfach auch Arbeitsstress, Zwangspensionierung, zu wenig Freiheit oder eine angeschlagene Gesundheit", lernen wir beim pensionskassenvergleich.ch, und: „Nicht selten scheitert das Vorhaben eines vorzeitigen Rückzugs aus dem Arbeitsleben an den finanziellen Voraussetzungen. Umso wichtiger ist es, sich möglichst früh und umfassend mit den Konsequenzen eines solchen Vorhabens auseinanderzusetzen."[271] Nicht zu vergessen dabei ist, wie früher angeführt, dass Menschen, die in Frühpension gehen, sich in Gefahr begeben, eher zu sterben als andere!

In den 1970er Jahren wurde es „common sense"[272], vielleicht besser „common knowledge"[273], auf jeden Fall so etwas wie ein allgemeines Verständnis, dass betagtere Mitarbeiter zu viel Geld kosten; dass sie übermäßig krank wären, daher tunlichst in Pension geschickt werden sollen. Ja sogar müssen, denn alles andere wäre schlecht für das Unternehmen. Altersstereotyp nennt man das – andere nennen es Altersdiskriminierung. Mehr dazu später.

Nicht nur Österreich hat jahrzehntelang nach diesem einfachen, aber teuren Rezept, das in den 1970ern eingeführt worden war, gearbeitet. Frühere Versuche der Regierungen, jungen Menschen den Arbeitsmarktzugang zu erleichtern, indem sie die Frühverrentung älterer Arbeitskräfte gefördert haben, seien „kostspielige politische Fehler" gewesen, schreibt die Organisation für wirtschaftliche Zusammenarbeit und Entwicklung (OECD) in ihrem aktuellen Beschäftigungsausblick. Darin widmet sie dem vermeintlichen Verdrängungswettbewerb zwischen den Generationen auf dem Arbeitsmarkt ein ganzes Kapitel. Mit der Schlussfolgerung, dass „die besseren Arbeitsmarktergebnisse der älteren Arbeitskräfte nicht zulasten der jüngeren gingen."[274] Siehe auch Kapitel: „Alte nehmen den Jungen die Arbeit weg."

Derzeit unterstützt der Staat den Altersbezug massiv. Dies wurde notwendig, da von den Einzahlenden nicht genügend Beiträge in die Pensionskassen fließen, damit alle Anspruchsberechtigten ihren monatlichen Betrag erhalten können. Trotz aller Beteuerungen der Politik: In dieser Form ist das System kaum mehr (lange) finanzierbar, meint nicht zuletzt der Sozialforscher Bernd Marin.[275]

Pensions- und Ruhestandsgenüsse im Vergleich

Selbst nach aufwendiger Recherche war ich nicht imstande, aussagekräftige und belastbare Zahlen für eine Gegenüberstellung von Frauen/Männern, von Beamten/Unselbstständigen und von Deutschland/Österreich zu erhalten. Viel zu viele Faktoren spielen eine Rolle, wie: Jahres- beziehungsweise Monatsbezüge, Durchrechnungs- und Anrechnungszeiten, Abzüge für Lohnsteuer ebenso wie Sozialversicherung usw. usf., sodass ich es aufgegeben habe.

Nur so viel: Unabhängig von Details der Berechnungen bekommen Beamte sowohl in Deutschland als auch in Österreich mehr, sogar viel mehr an Nettopension ausbezahlt als Dienstnehmer. Ob sie nun das Eineinhalbfache, das Doppelte erhalten oder der Bezug x 2,5 bis x 3! wäre (wie manche Quellen meinen), scheint in dem Zusammenhang nimmer wirklich bedeutsam. Wichtig hingegen ist, dass es eine grobe, um nicht zu sagen gröbste Ungleichbehandlung aller Nicht-Beamten bedeutet![276] Wann wehren sich die Ungleich-Bürger endlich dagegen?

Erhöhung des Pensionsalters

Deutschland: „[Die] Bundesbank schlägt Rente mit 69 vor. Derzeit wird die Altersgrenze der gesetzlichen Rente schrittweise von 65 Jahren auf 67 (...) angehoben. Doch ab Mitte der 2020er Jahre erreichen die geburtenstarken Jahrgänge das Rentenalter, weshalb die Anhebung auf 67 Jahre nicht reichen dürfte, sagen Experten. Deshalb schlägt die Bundesbank vor, das Rentenalter an die zunehmende Lebenserwartung zu koppeln und es nach 2030 so anzuheben, dass die Relation von Renten- zu Beitragsjahren in etwa stabil bleibt."[277]

Österreich: „Die EU räumt dem Pensionsproblem nun Priorität ein – und rügt Österreich. Wegen der hohen Anzahl an Frühpensionen bestehe Handlungsbedarf", schreibt die Presse, und weiter: „Auch die EU entdeckt die Wichtigkeit des Themas für sich, den Pensionen solle (...) Medienberichten zufolge Priorität eingeräumt werden. Die EU kann sich demnach vorstellen, das gesetzliche Pensionsantrittsalter bis 2060 um bis zu sieben Jahre zu erhöhen."[278]

So gut wie alle ernstzunehmenden Publikationen oder politischen Organisationen, die nicht aus purer Sozialromantik heraus agieren, wissen, dass wir auf die demografischen Änderungen reagieren müssen. Die Menschen gehen früher in den Ruhestand als vor 40, 50 Jahren, dafür verweilen sie dort mindestens doppelt so lange. In Österreich gibt es zwar eine zaghafte Anhebung des Frauenpensionsalters (ab 60) in Richtung Gleichstellung mit den Männern, deren Regelpension kann allerdings unverändert mit 65 Jahren angetreten werden. Die Rüge der EU zeigt bisher eine sehr überschaubare Wirkung.

Die ursprüngliche Idee des Umlageverfahrens[279], dass die Einzahlenden die Ruhebezüge der Rentner begleichen, ist längst überholt, mehr als ein Viertel des notwendigen Aufwands kommt aus dem Staats-Budget.[280] Tendenz steigend. (Nicht gerechnet, was der Bund für die Pensionen der Beamten aufwenden muss.) Anders betrachtet, gibt der Staat zwischen 20% und 25%[281] (je nach Quelle[282]) aller seiner Einnahmen ausschließlich für Pensionen aus! An zumindest einer deutlichen Anhebung des Rentenantrittsalters führt daher kein Weg vorbei, alles andere ist nur hinhaltender Widerstand. Allerdings darf man nicht vergessen, dass demnächst 40% – ich wiederhole – fast 40% – der Wähler Pensionisten sind!

Fall-Höhe

Pensionen unterscheiden sich in ihrer Höhe enorm. Nicht nur, dass zwischen Beamten und „normalen" Dienstnehmern ein riesiges Gefälle herrscht, nein, auch unter den unterschiedlichen Berufsgruppen. Daneben, besonders bedeutsam, zwischen Frauen und Männern. Als Erstes eine Tabelle aus dem Deutschen Rentenreport dazu, bei welchen Berufen es im Durchschnitt schrecklich geringe sowie extrem hohe Renten gibt:[283]

Die 10 niedrigsten Renten – ich hoffe, Ihr Berufszweig ist nicht dabei:

Drechslerei, Spielzeughersteller - Fachkraft	€ 470
Kutscher/innen - Fachkraft	€ 518
Verkauf Lebensmittel - Helfer	€ 551
Podologen/Podologinnen - Fachkraft	€ 558
Friseurgewerbe - Fachkraft	€ 578
Berufskraftfahrer (Pers./PKW) - Fachkraft	€ 598

Die höchsten 10 Renten – und, haben Sie das große Los gezogen?

Piloten, Verkehrsflugzeugführer - Experte	€ 5258
Führung - Human- und Zahnmedizin	€ 4030
Führung - Rechtsberatung, -sprechung, -ordnung	€ 3493
Führung - Fahrzeug LuftRaumf. Schiffbautech	€ 3329
Führung - Techn. Forschung, Entwicklung	€ 3146

*Rente netto in den alten Bundesländern n. 45 Versicherungsjahren, bei Renteneintritt Ende 2014; Werte gerundet. Quelle: Destatis; Berechnungen anhand der Rentenformel.

Frauen kriegen um die Hälfte weniger Pension[284]

Gemäß unzähliger Artikel sowie Studien bekommen Frauen eine deutlich geringere Rente als Männer. Die Gründe sind vielschichtig. Hier ein paar Beispiele: Typische Frauenberufe sind geringer entlohnt, eine kürzere Versicherungsdauer, viele Teilzeitbeschäftigungen, nur teilweise Anrechnung von Kindererziehungszeiten, mehr Betreuungspflichten, usw. usf. Nachzulesen bei allen sozialen Einrichtungen und Dienstnehmerkammern.

Unabhängig von der erschreckenden Diskrepanz bei den Pensionen, fällt mir zur unterschiedlichen Entlohnung der Arbeit – die ja im Alter massive Auswirkungen hat – noch Folgendes ein. Frauenrechtler werden jetzt vielleicht über mich herfallen, dennoch, aus Sicht eines Unternehmers darf ich diesen Gedanken zur Diskussion stellen: Frauen kosten mich als Arbeitgeber einfach mehr. Auch bei gleichem Job, bei gleicher Leistung. Die Damen kriegen die Kinder, und ihre wunderbare Besorgung des Kinder-Aufziehens kann nur teilweise von Männern übernommen werden. Ob und wie weit das zu ändern wäre, ist eine ganz andere Debatte. Allein ihre – notwendige, weil für den Nachwuchs auch gute – Abwesenheit in Karenz, die bei uns bis zu zwei Jahre in Anspruch genommen werden kann, erzeugt für das Unternehmen enorme Kosten. Jemand ist für ihre Arbeit zusätzlich einzustellen. Diese Person muss möglicherweise dafür ausgebildet, meist aber eingeschult werden. Das heißt Kosten für die Firma. Daneben wird die Arbeitsleistung der Vertretung zumindest für eine Weile geringer sein und/oder muss von Kollegen ausgeglichen werden, das kostet ebenso. Wenn sodann die Mutter aus der Schutzfrist zurückkommt, hat sie eine Einstellungsgarantie, und plötzlich bin ich als Unternehmer gezwungen, für einige Zeit zwei Personen für nur einen Job zu bezahlen; plus deren Nebenkosten. Abgesehen davon, dass es erneut dauern kann, bis die vormals Karenzierte dieselben Arbeitsresultate erbringt wie zuvor. So die Mitarbeiterinnen überhaupt wieder zurückkommen, denn öfters bleiben sie anschließend an die Karenz noch länger zu Hause.

Bitte verstehen Sie mich richtig: Ich halte es für zutiefst unfair, wenn Frauen für dieselbe Leistung geringer entlohnt werden als Männer. Nach meiner Theorie jedoch, besser gesagt meiner Rechnung, sind sie für mich als Arbeitgeber leider deutlich teurer. Warum aber müssen diese Kosten, die ja zugunsten der Allgemeinheit anfallen, zulasten des Unternehmens gehen? Wäre da nicht der Staat in der Pflicht, das zu kompensieren?

Fazit:
Das arbeitslose Einkommen im Alter, egal ob es Pension, Ruhegenuss oder Rente heißt, ist eine Errungenschaft von enormer Qualität. Deutlich zu viele Menschen gehen jedoch frühzeitig in den Ruhestand, was das System stark belastet. Das Antrittsalter der Regelpension bedarf ebenso einer Anpassung, da das Umlagesystem nur noch kraft künstlicher Beatmung durch die öffentliche Hand aufrechterhalten werden kann. Auch die Höhe gestaltet sich sehr unterschiedlich, so kriegen Beamte eklatant mehr als Nicht-Beamte, und Männer deutlich mehr als Frauen.

Der für unsere Kultur unwürdige Zustand, dass zahlreiche Leute von ihrer Rente nicht einmal halbwegs menschenwürdig existieren können, ist ebenso traurig wie zynisch. Während andere, die vielleicht in ihrem Leben sogar weniger gearbeitet haben, in einem Monat mehr „für die Enkerl" auf die Seite legen, als manche Pensionistin in drei Monaten bekommt. Absichtlich hier in weiblicher Form ausgedrückt, denn die Altersarmut ist vornehmlich weiblich.

6.2 Altersarmut

„Altersarmut war in Deutschland (und vielen anderen Ländern) bis in die Mitte des letzten Jahrhunderts hinein ein weit verbreitetes Problem. Insbesondere mit der dynamisierten bruttolohnbezogenen Rente seit 1957 hat sich die Einkommenslage der Älteren absolut und relativ nachhaltig verbessert. Die Einkommensarmut im Alter ist zurückgegangen. Sie steigt aber seit Jahren jetzt wieder deutlich an".[285] Auf die Ausbreitung der Altersarmut weisen auch verschiedene internationale Organisationen hin.

„Die OECD und die WHO sprechen dann von Armut, wenn die betroffenen Personen über maximal 50 Prozent des Medianeinkommens verfügen"[286], heißt es bei rentenbescheid.24.de, und: „Eine eindeutige Armutsgrenze ist nicht eindeutig in Zahlen definiert. Insgesamt aber wird von Altersarmut gesprochen, wenn Rentner ihre Kosten nicht mehr allein durch ihr Einkommen decken können. Private und gesetzliche Vorsorgeaufwendungen reichen dann nicht aus. Ein Großteil der Betroffenen ist deshalb auf zusätzliche Unterstützung durch soziale Einrichtungen angewiesen".[287] Etwas aggressiver wieder die erste Quelle: „Wenn die Rente nicht reicht, fragt man sich, von was man leben soll. Die Lebenshaltungskosten steigen jedes Jahr. Die Rentenanpassungen, die jährlich die Rente aufbessern, reichen nicht immer aus. Der Gesetzgeber ist verpflichtet, das sogenannte Existenzminimum sicherzustellen. Es folgt dem Grundsatz der Menschenwürde und des Sozialstaatsgebotes".

Schlussendlich noch eine dritte Stellungnahme, diesmal von pkv-tarifvergleich.info mit einigen Zahlen, die demnächst überholt sein dürften, als Vergleichszahlen jedoch gut taugen: „Wie aus einer Veröffentlichung des Statistischen Bundesamtes hervorgeht, waren in den letzten fünf Jahren noch nie so viele Senioren auf eine Grundsicherung im Alter angewiesen (...). Laut der offiziellen Statistik erhielten im Juni 2019 jeweils weit über eine halbe Million Bürger im Rentenalter eine solche finanzielle Unterstützung vom Staat, da ihre eigenen Einkünfte wie zum Beispiel die Altersrente nicht ausreichten, um ihren Lebensunterhalt wenigstens auf einem Mindestmaß zu sichern. Besonders hoch war der Anteil der Frauen über der Rentenaltersgrenze, die auf eine solche Sozialhilfe angewiesen waren".[288] Weiter dann: „Die durchschnittliche Höhe der gesetzlichen Altersrente betrug letztes Jahr 711 Euro im Monat bei den Frauen und 1.149 Euro bei den Männern."

Deutlich macht dieses Zahlenwerk, dass die Durchschnittssummen, mit denen viele Menschen heute auskommen müssen, kaum geeignet sind, ein würdevolles Auskommen zu garantieren. Manche von ihnen wenden sich daher an unser Sozialsystem, das über weite Bereiche recht gut geeignet ist, Nothilfe zu generieren. Andere entscheiden sich dafür, das fehlende Einkommen durch Arbeit zu kompensieren, was ihnen jedoch oft schwer gemacht wird.

Dass sich das Arbeiten im höheren Alter schwierig gestaltet, liegt an vielen Faktoren. Auch daran, was wir heute als Mindset[289] bezeichnen würden, die Denkweise, die ein Verhalten nach sich zieht. Eingezogen in unsere Hirne sind immer und immer wieder verkündete „Wahrheiten" oder vermeintliche Gegebenheiten am Arbeitsmarkt, die man schwer bis gar nicht mehr herauskriegt. Ein paar Beispiele:

6.3 Stereotype und Hürden

„Deutsche sind immer pünktlich, Italiener laut und Franzosen wissen zu leben. Männer lieben alle Fußball, und Frauen denken nur ans Shoppen. Wann immer wir Menschen begegnen,

195

denken wir in Stereotypen"[290], meint die karrierebibel; „ein Stereotyp vereinfacht die Sichtweise und ermöglicht so schnelle Entscheidungen." Sie wären einfach zu widerlegen, wenn man sich darüber nur Gedanken machte. Oft aber existieren sie einfach, womit sie leider häufig Hindernisse für Entwicklungen darstellen. Besonders trifft das zu, wenn es um das Arbeiten im Alter geht.

Beispiel: „Alte nehmen Jungen die Arbeit weg"

Dieses eher klassenkämpferische Argument wird zwar stets wieder verwendet, ist allerdings längst widerlegt. Es stimmte nur dann, wenn jede Arbeit eines Alten von einem Jungen übernommen werden könnte, was nachweislich nicht der Fall ist.

„Nimm die Erfahrung und die Urteilskraft der Menschen über 50 heraus aus der Welt, und es wird nicht genug übrigbleiben, um ihren Bestand zu sichern". Henry Ford[291]

„Ältere Arbeitnehmer nehmen Jungen keine Jobs weg"[292], stellt die OECD fest. „Frühpensionen schaffen keine Arbeitsplätze. Sie warnt davor, dieser Fehlannahme noch einmal aufzusitzen (...). Denn erstens sei die Zahl der Arbeitsplätze keine Konstante. Und zweitens seien ältere und jüngere Arbeitnehmer nicht einfach austauschbar". Sie „arbeiten tendenziell in unterschiedlichen Branchen und haben unterschiedliche Aufgaben. Ältere verfügen über mehr Erfahrung und arbeiten eher in schrumpfenden Branchen. Jüngere haben weniger Erfahrung auf dem Arbeitsmarkt, und die Wahrscheinlichkeit ist größer, dass sie in wachsenden Branchen arbeiten." Auch warnt die OECD vor dem Rezept: „Man schickt die ‚Alten' in Pension, damit die Jungen ihre Jobs übernehmen können. Das ist keine Theorie, sondern war hierzulande [in Österreich] lange gelebte Praxis. Mit dem

Resultat, dass Österreich zum ‚Pensionistenparadies' wurde: Mit durchschnittlich 58 Jahren verabschieden sich die Österreicher in den Ruhestand."

„Mit dem gleichen Recht könnte man fordern, Kinderlose sollten Platz machen für Familien, die den Job nötiger brauchen", sagt der Altersforscher Voelpel.[293] „Verheiratete sollten Platz machen für Alleinstehende, die ganz allein für sich sorgen müssen, reiche Erbinnen und Erben sollten zugunsten von Menschen ohne Vermögen auf ihren Arbeitsplatz verzichten usw. Wer entscheidet über das Recht auf einen Arbeitsplatz, und wo ziehen wir die Grenze? Wenn die Argumentationslinie nur auf Ältere angewandt wird, ist das schlicht Altersdiskriminierung."[294]

Alle bekannten Untersuchungen stellen fest, dass der Verbleib der Alten in den Betrieben für die Jungen keine wesentliche negative Auswirkung hat, eher sogar umgekehrt. Je mehr (Verkaufbares) alle gemeinsam produzieren, desto höher sind die Chancen auf Arbeitsplätze für jeden.

Beispiel: Lump of labour

Auch wenn dieses Argument in weiten Teilen der Bevölkerung kein Diskussionsthema ist, so gehört es der Vollständigkeit halber doch zu den Hindernissen, die zu berücksichtigen sind. Sei es auch nur von den Entscheidungsträgern.

„Mythos am Arbeitsmarkt"[295], liest es sich bei slembeck.ch: „Wenn alle, die Arbeit haben, etwas weniger arbeiten, bleibt mehr Arbeit für jene, die keine Arbeit haben." Dieses Rezept gegen Arbeitslosigkeit ist alt und weit verbreitet, nichtsdestotrotz falsch. Der Mythos hält sich hartnäckig. Er beruht auf der Vorstellung, dass die gesellschaftlich notwendige Arbeitsmenge eine fixe [nicht änderbare Größe] ist. Entsprechend könnte man – so die Meinung – Arbeit umverteilen, von jenen, die viel haben, zu jenen, die wenig oder keine haben."

„Beschäftigungseffekte von Arbeitszeitverkürzungen?[296] Von den tariflich vereinbarten Arbeitszeitverkürzungen bis zur Mitte der neunziger Jahre erhoffte man sich einen positiven Beschäftigungseffekt. Dies beruhte auf der ‚lump of labour fallacy', der Annahme eines gegebenen Produktionsvolumens einer Volkswirtschaft und damit einhergehend einer fixen Nachfrage nach Arbeit, welche beliebig zwischen Köpfen und Stunden aufgeteilt werden könne."

Es war also wieder einmal ein Irrtum, der zu gravierenden Änderungen der Arbeitssituation vieler geführt hatte. War es aber überhaupt ein Irrtum? Denn zweifellos brachte die auf einer Fehlannahme beruhende Theorie eine deutliche Verbesserung für die arbeitende Bevölkerung, nämlich kürzere Arbeitszeiten. Allerdings unter damals gänzlich anderen demografischen Umständen sowie unter dem Gesichtspunkt, dass es in den 1970ern zu viele (Fach-)Arbeitskräfte gab.

Beispiel: Alterstheorien[297]

In der Geschichte und Gegenwart der Auseinandersetzung mit dem Alter ist eine ganze Reihe unterschiedlicher Theorien zu erkennen, die sich teilweise bekämpft oder abgelöst haben, auch, weil sie unterschiedlichen Welt- und Menschenbildern entspringen. Diese lassen sich – je nach Einordnungskriterien – verschieden klassifizieren, z.B. nach Human- oder Sozialwissenschaften (biologische, soziologische, psychologische Alterstheorien), dazu nach den darin formulierten Grundgedanken (Aktivitätstheorie, Disengagementtheorie).
Was den Bereich von Aktivität beziehungsweise Rückzug an-

geht, so handelt es sich vornehmlich um die Erforschung der Fähigkeiten älterer Leute, deren Abnahme bisher als gegeben hingenommen wurde. Zwei davon, nämlich jene, die mir für das Arbeiten im Alter relevant erscheinen, seien hier angeführt:

Defizitmodell

Immer noch geistert das „Defizitmodell" im Raum herum, das da bedeutet, dass Altern automatisch mit irreversiblen Funktionsverlusten verbunden ist. Altern wird als unumkehrbarer Abbauprozess gesehen, der die Intelligenz und die Leistungsfähigkeit betrifft. Das Modell stammt aus der Antike – aber nicht alles, was von dort kommt, hätte überdauern sollen.

Kompetenzmodell

Das Kompetenzmodell hingegen ist heute das gängige Werkzeug zur Erfassung der Fähigkeiten von Mitarbeitern in einer Organisation, somit ein „Werkzeug" der Personalentwicklung. Das Modell besagt, dass Altern ein dynamischer Prozess ist und mit der jeweiligen Lebenssituation zusammenhängt. Ältere Menschen sind oft kraft ihrer Erfahrung und auch der Fehler wegen, die sie schon gemacht haben, an verschiedene Situationen besser angepasst als weniger Lebenserfahrene. Ihre Eignung zur Problemlösung steigt mit dem Alter.

Eine der größten Hürden für Pensionisten, die wieder- oder weiterarbeiten wollen, die subjektiv wie objektiv auch kompetent wären, ist jedoch eine Regel, die sich bei uns sozusagen einbetoniert hat. Sie führt dazu, dass Rentner aus dem Blickwinkel der (bisherigen und vielleicht zukünftigen) Arbeitgeber vielfach unbezahlbar werden.

Beispiel: Senioritätsprinzip[298]

Das Senioritätsprinzip garantiert, dass Ältere bestimmte Vorteile zugesprochen bekommen sollen, und es ist von seinem Grundsatz her sicherlich unbestritten. Betagtere brauchen z.B. längere Ruhe- oder Erholungszeiten, mehr Gesundheitsvorsorge oder -betreuung und ähnliches. Der weiteren, ursprünglichen Idee, dass Mitarbeiter mit zunehmendem Alter höhere Leistungen erzielen, wäre auch einiges abzugewinnen. Ebenso, dass Unternehmen versuchen, einen Anreiz dafür zu setzen, dass ihr Personal möglichst lange in ihrem Betrieb bleibt, sodass das hier erworbene Wissen tunlichst nicht zum Mitbewerber wandert. Wie immer jedoch, haben selbst beste Systeme die Tendenz, „ausgedehnt" zu werden, man könnte auch sagen: „ausgenützt". Irgendwann führt nämlich das Obige dazu, dass man, bereits in mittleren Jahren beginnend, keineswegs mehr Leistung erbringen muss, dafür aber stetig mehr Gehalt bekommt. Unter dem Motto: „Sitzfleisch wird belohnt".

Der Widerstand gegen eine Aufweichung dieses Relikts ist sowohl von der Obrigkeit als auch von den Interessenvertretungen massiv, und damit ein enormes Hindernis für die Schaffung neuer Arbeitsplätze. Eine zeitgemäße, lebensphasenorientierte Anpassung an Leistung statt Alter wäre längst notwendig. Somit für die jüngeren Mitarbeiter, da sie dann besser verdienten, eine Möglichkeit, die angestrebte Work-Life-Balance leichter zu erreichen. Außerdem dürfte das Senioritäts-Prinzip gegen den Gleichheitsgrundsatz verstoßen – Gerichtsverfahren sind anhängig.

Wollen nun Ältere selbst nach dem Pensionsantritt erneut arbeiten, so gehören sie bei uns nach Kollektivverträgen[299] eingestuft, das sind abseits der Gesetze vereinbarte Anspruchsregelungen.

Es sind schriftliche Vereinbarungen zwischen den Sozialpartnern[300], also von Arbeitgeber- und Arbeitnehmervertretern. Ein Abgehen vom bisherigen Prinzip kann daher nur mit deren Einverständnis geschehen, aber da bin ich optimistisch, dass das eines gar nicht so fernen Tages geschieht. Denn, wie ich beim Deutschen Gewerkschaftsbund lese, wird selbst dort das Problem Seniorenarbeit bereits öfter thematisiert. „Mehr als 1,3 Millionen Menschen arbeiten im Rentenalter", heißt ein Artikel, und weiter: „Erwerbstätige müssen immer länger arbeiten. Trotzdem nimmt die Zahl derer, die trotz Rente weiterhin erwerbstätig sind, zu. Der wachsende Niedriglohnsektor und ein sinkendes Rentenniveau sind zwei der Ursachen: Wer zu wenig Rente auf dem Konto hat, verdient sich etwas dazu."[301]

Es ist mir klar, dass Betriebe sich nur innerhalb der sozialpartnerschaftlich ausgehandelten Rahmenbedingungen bewegen können. Was sie aber daneben dürfen, meiner Meinung nach sogar müssen, ist, diese heute ebenso anachronistische wie unselige Lösung des Mehr-Lohn-Ersitzens anzuprangern und dagegen zu lobbyieren. Zu ihrem eigenen Nutzen.

> Auch hierzu ein Schmankerl:[302] Während in Schweden eine Person im Alter von 55 bis 59 Jahren um rund 25 % mehr verdient als jemand zwischen 25 und 29, beträgt der Wert in Österreich rund 60 %![303]

Weil wir gerade bei eher unlustigen Themen sind, hier noch eines, das ebenso nicht zu unterschätzen ist: die Benachteiligung der Älteren im Allgemeinen. Wie am Anfang dieses Buches ausgeführt, war die Behandlung der Alten je nach Kultur von Wertschätzung geprägt oder sie wurden abgeschoben bzw. menschenunwürdig behandelt. Heute, in einer Zeit von „Ich-bin-so-wichtig", „Ich bin mir das wert" oder von lauter „Ichlingen", O-Ton Heike Leitschuh[304], flammen Diskussionen à la #MeToo,

#WeToo, #sonstwieToo auf, und auch die Altersdiskriminierung wird deutlicher sichtbar als in der jüngeren Vergangenheit. Durchaus ein Vorteil.

6.4 Altersdiskriminierung

Die Diskriminierung aufgrund des Alters wurde – wie so vieles – bisher einfach als Faktum hingenommen. Ein bisschen Bewegung kam ins Spiel, als sich Gerichte mit den untragbaren Zuständen auseinanderzusetzen begannen. So gibt es bereits Erkenntnisse des Europäischen Gerichtshofs, weitere Verfahren sind anhängig. Ganz prinzipiell geht es in den Verfahren darum, ob jemand, nur weil er alt ist, benachteiligt und deshalb vom Arbeitsprozess ausgeschlossen sei.

Altersdiskriminierung ist deutlich weiter verbreitet als oft angenommen. Zweifellos könnte man zuerst diskutieren, was Diskriminierung ist. Ich halte mich da aber an eine simple Definition von Amnesty International, die da lautet: „Diskriminierung ist eine grobe Verletzung der Menschenrechte. Diskriminierte Menschen werden aufgrund individueller oder gruppenspezifischer Merkmale systematisch an der Ausübung ihrer Menschenrechte gehindert."[305] Natürlich könnte man nun spitzfindig fragen, was wäre denn bei der Arbeit ein Menschenrecht, da verweise ich auf die deutsche Verfassung, in der „das Recht auf Arbeit" verankert ist.[306]

Neben diesem verfassungsrechtlichen Anspruch, der meines Erachtens auch die zwangsweise Pensionierung zum Altersstichtag infrage stellt, gibt es reichlich andere Bereiche, wo Altersdiskriminierung stattfindet. Beispiel Arbeitsplatz – Alten werden bestimmte Jobs verweigert, Job-Ausschreibungen sind limitiert mit dem Lebensalter; oder im Straßenverkehr – Stichwort Führerscheinabgabe (allerdings nicht in Österreich), höhere Versicherungsprämien für Autos. Ferner in der Welt des Geldes – verschiedene Versicherungsvarianten sind ihnen nur noch deutlich teurer zugänglich, wenn überhaupt, Kredite teilweise nicht mehr zu bekommen, Beispiel siehe unten, usw.

„Seit gut vier Jahren verbietet das Allgemeine Gleichbehandlungsgesetz (AGG) unter anderem nicht zu rechtfertigende Benachteiligungen aufgrund des Alters. Mit dem AGG wurden europäische Richtlinienvorgaben aus dem Jahre 2000 umgesetzt, die ein ganzes Bündel von Antidiskriminierungsmaßnahmen vorsahen. Dieses für Deutschland neue Diskriminierungsverbot ist seitdem kontrovers diskutiert worden. Die Haltung ihm gegenüber war überwiegend ablehnend. Dennoch sollte das Verbot der Altersdiskriminierung nicht nur als Last, sondern daneben als Chance begriffen werden. Denn es stellt ein wichtiges Instrument dar, in einer alternden Gesellschaft unsere drängenden demografisch, volkswirtschaftlichen und sozialen Probleme zu lösen."[307]

Allerdings, so weiß Rechtsanwalt Hensche, „stößt dieses (...) Rechtsprinzip auf viele bestehende gesetzliche, tarifliche und vertragliche Regelungen, die Altersgrenzen enthalten oder Arbeitnehmer altersbedingt besser oder schlechter stellen."[308] Also gibt es Regelungen sowie Vereinbarungen, die sich auch in den Entscheidungen des Europäischen Gerichtshofes als (bisher) stärker herausgestellt haben als die gefühlte sowie erfahrene Diskriminierung.

Formaljuristische Entscheidungen versus Gerechtigkeit?

Ein Beispiel aus Österreich, gefunden bei help.orf.at, dem Sinn nach erzählt: Eine Gymnasiallehrerin, vermutlich mit gutem Einkommen, denn sie arbeitet daneben noch als Gerichtsdolmetscherin, 49 Jahre alt, beantragt einen Bankkredit zwecks

Wohnungskauf. Sie bringt auf Verlangen Bürgen aus der Familie plus einen, wohl sehr vorläufigen Auszug ihres Pensionskontos! Das Darlehen mit einer Laufzeit von 25 Jahren wird ihr schriftlich gewährt. Die Frau unterschreibt den Kaufvertrag, die Anzahlung fließt auf ein Treuhandkonto. Vier Monate später macht die Bank jedoch einen Rückzieher, da sie – plötzlich? – draufgekommen ist, dass die Dame ja dann irgendwann in Rente geht, weniger Einnahmen zu erwarten hätte, sie sei daher „nicht kreditwürdig". Trotz Pension plus Zusatzeinkommen als Dolmetscherin! Die Bank verwies auf ihre internen Vorgaben und behielt recht. Nach Meinung der Antidiskriminierungsstelle eine eindeutige Schlechterstellung aufgrund des Alters. Übrigens: Erst auf Intervention ihres Anwalts wurde ihr Schaden teilweise behoben, auf ein paar tausend Euro blieb sie sitzen. Wollen Sie den Namen der Bank wissen?

Auch Zwangs-Pensionierungen aus Altersgründen werden über weite Strecken angewandt (siehe auch vorne das Kapitel: „Kann ich, wenn ich möchte, länger in meinem Betrieb bleiben?"), allerdings von einer Reihe von Entscheidungen der nationalen Gerichte sowie des Europäischen Gerichtshofs sanktioniert. Bisher zumindest.

Fazit:
Unsere Gesellschaft wehrt sich deutlich zu wenig gegen Altersarmut, und sie dürfte in Zukunft eher zu- statt abnehmen. Verstärkt wird sie durch den erschwerten Zugang zu Senioren-Arbeit. Stereotype, althergebrachte Gewohnheiten und sogar die Gesetzeslage verhindern oft einen Wiedereintritt ins Arbeitsleben, selbst in geringem Umfang (Geringfügigkeit). Hürden, fernab von zeitgemäß, treten auf, samt damit häufig verbundener Diskriminierung.

Damit der negative Eindruck, wie im letzten Absatz dargestellt, nicht allzu lange nachwirkt, möchte ich mich etwas Positivem zuwenden. Nämlich den Vorteilen, die ein Arbeiten im Alter für die Gesellschaft mit sich bringt. Neben den Benefits für Menschen, Firmen und Organisationen, die ja bereits angeführt wurden.

6.5 Vor- und Nachteile der Seniorenarbeit für die Gemeinschaft

Der Einfachheit halber darf ich hier die mir wichtigsten Punkte in Form von Bullet Points darstellen.

Die Vorteile

- **Die (Steuer-)Einnahmen des Staates steigen**

Sobald mehr Pensionisten etwas produzieren und schaffen, erzielt der Staat höhere Einkünfte aus Einkommen- und Lohnsteuern. Selbst wenn diese, da es sich in der Regel um keine Vollzeitarbeitsplätze handelt, nicht sehr hoch wären. Indirekt steigen durch die Mehrausgaben der Rentner die Mehrwerts- und Verbrauchsteuern ebenfalls.

- **Der Aufwand für Sozialleistungen wird geringer**

Sobald betagtere Menschen erneut arbeiten oder tätig sind, benötigen sie unser Sozialsystem deutlich weniger. Durch fittere Pensionisten reduziert sich beispielsweise die Pflege, sie vermögen länger ihre Miete zu zahlen, ihr Sozialhilfe-/Notstandshilfebedarf fällt, usw.

- **Die Gesundheitskosten sinken**

Das Gesundheitsbewusstsein steigt ebenfalls, wenn die Älteren arbeiten, statt als Couch-Potato herumzuliegen. Sie betreiben – zumindest etwas – mehr Bewegung, zugleich ernähren sie sich – zumindest etwas – gesünder. Was wiederum die Krankenkassen freuen würde.

- **Verringerung der Sucht- und Suizidrate**

Wenn Menschen nicht in die schreckliche Spirale von Rente-Langeweile-Bore-out-Sucht-und-Suizid geraten, dürfte die Zahl derer, die ihrem Leben deshalb ein Ende setzen, sinken.

- **Kostenlose Leistungen durch gemeinnützige Arbeiten und Ehrenämter**

Der Staat spart sich Abermilliarden an Aufwendungen durch die gemeinnützige Arbeit und die Leistungen, die die Senioren erbringen.

- **Wissenserhalt, -vermittlung und Weiterbildung**

Sofern die „Alten" entsprechende Wertschätzung erleben, geben sie bereitwillig ihr Wissen und ihre Erfahrung weiter. Sie sind so konditioniert. Mentoren, Lehrende, auch Ausbilder stehen gerne – für geringes Entgelt – der Jugend zur Verfügung. Eine derartig günstige Weiterbildung ist sonst nirgends zu erhalten.

- **Unternehmensgründungen schaffen Arbeitsplätze**

Wenn Rentner Betriebe gründen, genauso, wie wenn sie einem Start-up zu überleben helfen, können damit neue Arbeitsplätze verbunden sein. Diese vermehren wieder die Einnahmen des Staates, auch reduzieren sie beispielsweise Arbeitslosengelder.

- **Firmen werden gestärkt, Know-how behalten und Image gesteigert**

Unternehmen, genauso wie Organisationen, leiden früher oder später an Facharbeitermangel, ebenso an massivem Verlust von Wissen und Erfahrung. Senioren können dieses Manko teilweise kompensieren.

- **Moral, Werte und Respekt werden eher weitergegeben**

Alte Menschen haben – allein schon wegen ihrer vor Augen geführten Endlichkeit – einen „Bedarf" an Moral, an Ethik. Gerne geben sie dies weiter. Respekt war in der Jugend der Alten ein ihnen oftmals eingetrichterter Wert, den viele heute noch immer leben. Womit sie automatisch zu Vorbildern des Nachwuchses werden.

- **Die Unabhängigkeit der älteren Menschen steigt**

Je länger Leute selbstbestimmt und eigenständig leben oder arbeiten, desto höher ist ihr Wohlbefinden. Damit steigt zugleich ihre Selbstständigkeit und sinkt ihr Bedarf an Leistungen der Allgemeinheit. Sie bleiben eher am Ball, bleiben offen für Neuerungen wie beispielsweise die Digitalisierung, und nehmen somit wesentlich mehr am Dasein teil.

- **Die Alten geben mehr Geld aus**

Auch wenn unser „Jugendkult" uns oft anderes vorgaukeln will – das wirkliche Geld zum Verbrauchen haben die Alten. Je länger sie frisch und munter sind, desto reichlicher können sie ausgeben. Im Sinne unseres kapitalistischen Grundgedankens – man mag ihn mögen oder nicht.

Natürlich gibt es keinen Vorteil ohne Nachteil. Was in zahllosen Sprichwörtern gerne zitiert wird – kann so falsch nicht sein. Daher auch hier, ebenso wie bei den Gegenüberstellungen im Kapitel Firmen und Organisationen, eine beispielhafte, allerdings unvollständige Aufzählung von Nachteilen.

Nachteile, Problemfelder und Aufgaben

• **Arbeit von Senioren ist ein politischer Streitgegenstand**

Seit der Einführung des bezahlten Ruhestandes gibt es politische Interessen, die vielleicht nicht immer mit den Interessen der Bevölkerung übereinstimmen. Das Schlimmste aber ist es, wenn die Politiker offensichtlich erkennbare, verbesserungswürdige Zustände weder erkennen noch verändern wollen. Vermutlich auch, um Streit zu vermeiden oder, damit die Masse jener, die von Änderungen betroffen sein könnten, sie bei der nächsten Wahl nicht abstraft. Dabei wäre ja eine Förderung der freiwilligen Weiterarbeit für niemanden ein Nachteil!

• **Interessenvertretungen wie Gewerkschaft und Kammern sind dagegen**

Warum das so ist? Vermutlich wegen einer Gemengelage aus Desinteresse, Trägheit und Arbeitsüberlastung. „Politik und Interessenverbände agieren häufig unfassbar verantwortungslos"[309], meint Marin dazu. Vermutlich aber auch, da die Beteiligten die Brisanz der Angelegenheit immer noch sträflich unterschätzen. Kümmerten sie sich darum, wäre das wahrlich ein Bohren harter Bretter.

- **Ein Paradigmenwechsel wäre notwendig**

Die Grundhaltung von „so früh als möglich in Pension gehen, so früh als möglich ältere durch jüngere Mitarbeiter ersetzen" möge endlich verworfen werden. Neben dem Grundgedanken: „Die Alten sind oft krank, leisten deutlich weniger und kosten mehr". Bis auf Letzteres ist dies nachweislich falsch. Bei der Bezahlung habe die Leistung statt der unseligen Konstruktion des Senioritätsprinzips zu gelten.

- **Der Innovationsgrad könnte geringer werden**

Ein schwer von der Hand zu weisendes Argument, das ich allerdings weiter oben (auch) als Vorteil gesehen habe. Ich glaube, dass Erfahrung und Wissen zu höherer Innovation führen können, jedoch vermag auch eine Alterssturheit eine solche zu verhindern. Also 1:1!

- **Einnahmenverluste – der Anwälte!**

Denn es gäbe meiner Meinung nach weniger Scheidungen im fortgeschrittenen Alter. Das ist in der Tat ein gravierender Nachteil – für die Advokaten.

- **Die Mündigkeit der Rentner, sie werden „aufmüpfiger"**

Je selbstbestimmter die Alten leben, je besser – auch durch Seniorenstudien – gebildet sie sind, desto seltener fügen sie sich stillschweigend in ihr Schicksal. Sie stehen mehr für ihre Rechte ein und kämpfen gegebenenfalls dafür.

- **Die Pensionskassen werden länger belastet**

Ja, das ist wohl das gravierendste Argument, das die Obrigkeit gegen ein längeres, gesünderes sowie freudvolles Leben vorbringen kann. Die Alten, die „arbeiten oder tätig sind", schaffen es nämlich, sich deutlich länger ihrer Pension, ihrer Rente, ihres Ruhegenusses zu erfreuen.

    In diesem Sinne – lasst uns
die Pensionskassen plündern!

Kapitel 7 - Abschließend noch ein paar Lösungsansätze

Befragungen älterer Mitarbeiter, so ab 55–60 Jahren, ob sie sich ein Arbeiten oder ein Beschäftigtsein auch nach ihrer Pensionierung vorstellen können, sind eine brauchbare Unterlage für die weiteren Planungen des Unternehmens. Interviews von Führungspersonal und Management können ebenfalls deren Sinne für die Problemstellung schärfen und eine Grundlage für spätere Vorschläge sein.

Für Firmen und Betriebe wäre es anschließend wichtig, ihren Mitarbeitern rechtzeitig ein Angebot zu machen. Dabei ist es meines Erachtens nicht wichtig, alle zukünftigen Details zu definieren, auch nicht, ob das sofort nach Antritt der Pension passieren soll oder vielleicht erst nach ein oder zwei Jahren. Allein, dass die Verbindung aufrechtbleiben kann, hebt die Moral des zukünftigen Rentners und erleichtert die Planung des Arbeitgebers.

Es mögen Pools von Senioren-Mitarbeitern gebildet werden, wobei sich eine staatliche Förderung dafür gewiss rechnet. Das kann über das Arbeitsamt erfolgen, über die Standesvertretungen oder über private Firmen/Initiativen.

Das Zusammenbringen von Senioren und Start-ups erhöht die Chance auf einen Erfolg der Unterfangen überproportional. Auch kann es als Bedingung an eine Finanzierung geknüpft werden.

Eine intensive Bewerbung der Arbeit bzw. des Tätigseins von Senioren wäre hoch an der Zeit. Dies mag über die herkömmlichen Medien passieren, aber auch über alternative Konzepte, beispielsweise die „Senior-Skills"[310] – danke Heinz – ähnlich den „Euro-Skills". Firmen-, Länder- oder Nationalteams können samt Anhang für helle Begeisterung sorgen und ein Ansporn für die Jugend sein. Auch Wettbewerbe Alt gegen Jung wären sicher ein voller Erfolg und medial prächtig vermarktbar.

Das Senioritäts-Prinzip ist dringend anzupassen, zumindest ist eine wesentlich flachere Steigerung vorzusehen.

Für viele, vielleicht sogar fast alle Pensionisten, die sich vorstellen können, nach Antritt des Ruhestandes wieder- oder weiterzuarbeiten, sind die Kosten für Sozialversicherung und Lohn- bzw. Einkommensteuer das Haupthindernis. „Warum soll ich arbeiten, wenn vom Zuverdienst fast nichts übrigbleibt?" ist allenthalben zu hören.

Auch zum Geld ein paar Ideen:

- Man könnte einen Vorschlag von Christoph Leitl aufgreifen: Würde man anstelle eines Pensionsantritts weiterarbeiten und die Hälfte der zustehenden Pension zusätzlich zum regulären Einkommen als sehr attraktive Prämie für 60- bis 65-Jährige ausbezahlen, bliebe dem Staat die andere Hälfte und den Betrieben blieben dringend benötigte Mitarbeitende. Nach Erreichen des 65. Lebensjahres können dann die volle Pension und – bei weiterer Tätigkeit – auch das weitere Arbeitsentgelt ein attraktiver Anreiz sein.[311]

- Oder die Obrigkeit möge die späten Zusatzeinkommen und deren Abgaben (Steuer und Sozialversicherung) getrennt von der Pension betrachten.

Wenn die Summen nicht zusammengeworfen werden, fällt auch das Argument der Progression weg.

- Es wäre für die Öffentlichkeit so gut wie kein Nachteil, wenn die Geringfügigkeitsgrenze für Pensionisten sogar um das Doppelte angehoben würde. (Diese Anregung meine ich bitte nur für Menschen im Ruhestand.) Ein Zuverdienst von rund € 1.000.—, für den keine Abgaben, keine Steuer und keine Sozialversicherung anfielen, wäre ein überaus gewichtiges Argument – besonders für all jene, die von ihrer Pension sonst nicht leben können. Viele wären damit befähigt, sich selbst einen menschenwürdigen Lebensabend zu erarbeiten und gleichzeitig gesünder zu altern.

- Es könnte Freibeträge für den Zuverdienst geben, die von allen Abgaben befreit sind – vielleicht in Höhe von rund € 1.000.— bis € 1.500.—.

- Oder einfach eine Halbierung der Abgabenlast beim Zuverdienst für alle Personen in Regelpension; was wohl ganz einfach zu administrieren wäre, oder liebe Obrigkeit?

Nachwort(e)

„Altern ist nichts für Feiglinge"[312], schrieb Joachim Fuchsberger einmal. Damit hatte er mehr recht, als wir glaubten, besonders, solange wir jung sind. Dennoch, wem hilft das Jammern? Wir sollen, wir müssen uns daran gewöhnen und je besser uns das gelingt, desto einfacher wird es werden – hoffentlich. Ein Weg, gut damit umzugehen, wäre meiner Meinung nach „Nicht aufzuhören". Nicht aufzuhören zu lieben, nicht aufzuhören zu denken und nicht aufzuhören zu arbeiten. Am besten ist es vermutlich, wenn alle drei Aktivitäten zusammenfallen.

Das könnte jetzt heißen: Die Arbeit an der Liebe führt zu schönen Gedanken, oder: Die Liebe zum Denken ist manchmal Arbeit, oder: Übers Denken gedeiht die Arbeit zur Liebe. Wie auch immer, es sei Ihnen überlassen die richtige Kombination für sich selbst herauszufinden.

Arbeiten bzw. Tätigsein wird leider viel zu oft negativ dargestellt. Dabei ist Arbeit, die Freude macht, so etwas wie aktive Freizeit. Natürlich kann das nicht für jedermann gelten, aber für eine erkleckliche Zahl von Senioren sehr wohl, Tendenz steigend. Damit sie ihren Lebensstandard auch nur halbwegs halten können, müssen viele etwas dazuverdienen und das sollte ihnen nicht allzu schwergemacht werden. Denn das „späte Arbeiten" ist für alle Beteiligten eine win-win-win-Situation:

- Senioren, die sich beruflich weiter betätigen, bleiben nachweislich länger gesund und nehmen positiver am Leben teil.

- Firmen, die ältere Menschen (weiter-)beschäftigen, kompensieren damit einen Teil ihres Facharbeitermangels sowie ihres Wissensverlustes, außerdem steigern sie ihr Image.

- Die öffentliche Hand schlussendlich spart sich viel Geld für Sozialleistungen, generiert Kaufkraft, erhält mehr Steuern und Abgaben – Herz, was willst du mehr?

PS: Wenn wir uns reproduziert, die Aufzucht der Kinder erfolgreich hinter uns gebracht haben, wozu sind wir dann noch da auf dieser Welt? Der Zweck ist erfüllt – die Menschheit existiert weiter. Vielleicht, weil wir, wenn wir uns nicht mehr ums nackte Überleben scheren müssen, uns verstärkt um andere Fragen kümmern können? Vielleicht auch, um unser Wissen zu mehren, um unsere Erfahrungen der nächsten und übernächsten Generation weiterzugeben? Zum Wohle aller? Hat was...

PPS: Da sicher nicht alle Leser mit dem Inhalt, vermutlich noch weniger mit manch flapsiger Formulierung einverstanden sind, möchte ich mich bei ihnen im Voraus und in aller Form entschuldigen. Ebenso für alle eventuell „politically incorrecten" Äußerungen oder Darstellungen. Sollte ich damit jemandem, und ausdrücklich nochmals: jemander, zu nahe getreten sein, bitte ich ebenfalls um Nachsicht, denn es war nie meine Absicht.

Abschließend jedoch darf ich – fast zaghaft – noch ein Zitat von Udo Jürgens[313] nachschicken: „Die große Chance des Älterwerdens ist die, dass es einem wurscht sein kann, was die Leute sagen."

In diesem Sinne finden Sie mich unter:

www.richardkaan.com
Post bitte an: office@richardkaan.com
Instagram: https://www.instagram.com/richard_kaan/
facebook: https://www.facebook.com/richard.kaan.96
LinkedIn: https://www.linkedin.com/in/richard-kaan-15b09a17/

Danksagung

„Meine Texte sind mittelmäßig, aber meine Überarbeitungen sind spitze", sagte der geniale Englische Texter David Ogilvy – ich hätte es niemals besser ausdrücken können. Mir zur Hilfe im Kampf mit den Worten eilten eine ganze Reihe netter Menschen, die mich immer wieder sanft auf den rechten Weg brachten – ich danke allen herzlich dafür. Ganz speziell Herta, meiner lieben Frau, Martin Moll und Katharina Hütthaler, um nur die Wichtigsten zu nennen.

Auch diesmal durfte ich das Buch zu einem „Auswärts-Spiel" machen, Triest hat mich im Frühjahr empfangen, und dann nicht mehr ausgelassen. Eleonora und Tom gaben mir ihre wunderbare Wohnung, Catarina labte mich täglich an der Marina San Giusto mit unzähligen caffè italiano samt und ohne latte, und der greise Lorenzo nährte mich mit Triestiner Köstlichkeiten in seiner Da Siora Rosa.

Bei weitem nicht dasselbe hätte das Buch werden können, wenn ich nicht wieder wunderbare Geschichten bekommen hätte, die mir die einzelnen Kapitel mit Wirklichkeit aufluden. Manche lustig, manche lehrreich und manche berührend. Auch Denk-Wanderungen durfte ich mit ein paar tollen Menschen unternehmen, deren Input hat mir ebenfalls sehr geholfen. Da nicht alle Beitragenden mit vollem Namen genannt werden möchten, habe ich mich entschieden, nur ihre Vornamen samt Anfangsbuchstaben des Familiennamens alphabetisch anzuführen.

Ganz, ganz vielen Dank an: Andreas H., Barbara C-K., Barbara P., Barbara V., Beate F., Birgit H., Christine R., Druanne M., Eduard K., Elvira v. W., Gerald Sch., Gerhard W., Gerry B., Guido H., Gundi J., Hannes A., Hans Michael H.,

Hans S., Harald S., Heinz M., Ian M., Ilse M., Ingo S., Jochen M., Josef B., Jürgen M., Jürgen St., Kevin O'R., Kurt D., Kurt G., Leopold St., Manuela H., Marco M., Margot F-A., Marie-Christine C., Michael P., Michael R., Niki K., Peter B., Peter P., Prianthy T., Reingard R., Renate B., Rita S., Sabine L., Sandra L., Sonja R., Stephanie R., Ulla K., Walter W., WisR, Wolf R.

Und da das Schreiben eines Buches ein bisschen wie das Entwerfen eines Bildes ist, darf ich mit einem Zitat des Irischen Malers Francis Bacon schließen:

„Nicht die Glücklichen sind dankbar.
Es sind die Dankbaren, die glücklich sind."

Ihr Richard Kaan

Endnoten

1. https://de.wikipedia.org/wiki/Senior
2. https://www.bz-nachrichten.de
3. https://www.haz.de
4. https://de.wikipedia.org/wiki/Bedeutungswandel
5. https://www.spiegel.de/wissenschaft/mensch/homo-sapiens-und-neandertaler-40-jahre-alte-greise-a-738722.html
6. https://de.wikipedia.org/wiki/Archaischer_Homo_sapiens
7. https://www.spektrum.de/lexikon/geowissenschaften/pleistozaen/12415
8. https://www.wissenschaft.de/geschichte-archaeologie/freispruch-fuer-die-lebenserwartung/
9. https://sciencev1.orf.at/news/152229.html
10. http://www.archaeologie-schweiz.ch/Jungsteinzeit.310.0.html
11. https://www.destatis.de/DE/Themen/Gesellschaft-Umwelt/Bevoelkerung/Sterbefaelle-Lebenserwartung/_inhalt.html
12. https://de.wikipedia.org/wiki/Lebenserwartung
13. https://datenverstehen.de/menschen-in-der-steinzeit-lebten-fast-so-lange-wie-wir
14. https://westfalen.museum-digital.de/documents/24231135831.pdf
15. https://www.fu-berlin.de/presse/publikationen/fundiert/2013_02/12_thiele/index.html
16. https://www.wortbedeutung.info/Gerusia/
17. https://www.planet-wissen.de/geschichte/mittelalter/leben_im_mittelalter/index.html
18. https://www.familysearch.org/wiki/de/Deutschland_standesamtliche_Aufzeichnungen
19. https://www.geo.de/magazine/geo-kompakt/6538-rtkl-der-buchdruck
20. https://www.pohlig.de/rom/thermen.htm
21. https://www.lto.de/recht/feuilleton/f/rechtsgeschichte-hexenprozess-scheiterhaufen-witchcraft-act/
22. Goetz, H-W.: Leben im Mittelalter, C.H. Beck, 2002
23. https://www.kleio.org/de/geschichte/mittelalter/alltag/kap_x2/
24. https://de.wikipedia.org/wiki/Albrecht_D%C3%BCrer
25. https://www.mittelalter-lexikon.de/wiki/Lebenserwartung
26. https://sororeshistoriae.com/2018/04/02/mythen-des-mittelalters/:
27. https://brockhaus.de/ecs/enzy/article/neuzeit
28. https://bildungsserver.hamburg.de/klimageschichte/4444258/kleine-eiszeit/

29 https://www.uni-muenster.de/FNZ-Online/wirtschaft/grundstrukturen/unterpunkte/bevoelkerung.htm
30 https://www.researchgate.net/publication/331649699_Leben_und_Sterben_in_der_Fruhen_Neuzeit
31 Hradil, S.: Deutsche Verhältnisse. Eine Sozialkunde, Campus, 2012
32 https://pro-heraldica.de/wissenswertes/lebenserwartung/
33 https://de.statista.com/statistik/daten/studie/185394/umfrage/entwicklung-der-lebenserwartung-nach-geschlecht/
34 https://de.statista.com/statistik/daten/studie/273406/umfrage/entwicklung-der-lebenserwartung-bei-geburt--in-deutschland-nach-geschlecht/
35 https://www.fu-berlin.de/presse/publikationen/fundiert/2013_02/12_thiele/index.html
36 https://de.wikipedia.org/wiki/Ernst_Baltrusch
37 https://www.fu-berlin.de/presse/publikationen/fundiert/2013_02/12_thiele/index.html
38 Gehrke, H-J./Schneider, H.: Geschichte der Antike, Metzler, 2006
39 https://www.g-geschichte.de/plus/leben-in-sparta/
40 http://www.neuegegenwart.de/ausgabe44/altealte.htm
41 https://www.faz.net/aktuell/wissen/archaeologie-altertum/toll-schrieben-es-die-alten-roemer-16578711.html
42 http://www.wissiomed.de/mediapool/99/991570/data/Alter_und_Altern_60_Plus.pdf
43 wissiomed.de/mediapool/99/991570/data/Alter_und_Altern_60_Plus.pdf
44 https://www.bk-marsberg.de/media-bkp-mhm/docs/mhm/WoBl-2018-1-GES-V.pdf
45 https://www.seniorenbeirat-muenchen.de/wp-content/uploads/2015/10/WIR-2015-02.pdf
46 Thane, P.: Das Alter. Eine Kulturgeschichte, Primus, 2005
47 https://de.wikipedia.org/wiki/Ursula_Lehr
48 http://www.projectcare.de/infothek/gastbeitrag_ursula_lehr.php
49 https://www.charite.de/forschung/themen_forschung/alter_neu_denken/
50 https://www.charite.de/service/person/person/address_detail/kuhlmey/
51 https://www.bpb.de/nachschlagen/lexika/lexikon-der-wirtschaft/20428/quantitaetstheorie
52 https://www.berufsstrategie.de/bewerbung-karriere-soft-skills/work-life-balance.php
53 https://whoswho.de/bio/charles-de-secondat-baron-de-montesquieu.html
54 Österreichisch: voller Übermut und Lebensfreude

55 Eigenzitat Kaan, R.: Ich muss fast nichts und darf fast alles. Pustet Verlag, 2021
56 https://de.wikipedia.org/wiki/Arnold_van_Gennep
57 https://www.uni-trier.de/fileadmin/fb4/ETH/Aufsaetze/Riten_und_Rituale.pdf
58 https://www.seniors4success.at/
59 https://www.seniors4success.at/vor-der-pension-%E2%80%93-die-vorbereitung
60 https://de.wikipedia.org/wiki/Johannes_Rau
61 https://seniors4success.at/ruhestand-als-prozess
62 Bergmann, R.: Ich bin nicht süß, ich hab' bloß Zucker, rororo, 2020
63 https://www.suedkurier.de/region/
64 https://www.tirol.at/blog/b-krimskrams/die-5-lustigsten-grabinschriften-tirols-im-museumsfriedhof-kramsach
65 Rose, C.: Der Ausdruck meiner Kreativität, Diplomarbeit, 2021
66 Thomas von Aquin (1224-1274), italienischer Philosoph
67 ein Ausdruckstanz
68 https://www.growwisr.com/
69 https://www.growwisr.com/search/?query=retirement+preparation+kit&lang=de
70 http://www.fim.uni-linz.ac.at/Woerterbuch_oesterr_deut.htm - faul sein
71 https://www.welt.de/wissenschaft/article3641142/Nichtstun-laesst-das-Gehirn-messbar-schrumpfen.html
72 https://www.patientenfragen.net/nachrichten/nichtstun-laesst-g ehirn-schrumpfen-t15616.html
73 https://www.scinexx.de/news/biowissen/laenger-leben-durch-laengeres-arbeiten/
74 https://www.handelsblatt.com/politik/konjunktur/oekonomie/nachrichten/ruhestandsrisiko-frueh-in-rente-frueh-ins-grab/3581696.html
75 https://www.econstor.eu/bitstream/10419/46065/1/657551368.pdf
76 Wu, C./Stawski, R.: Working longer may lead to a longer life, new OSU research shows, Oregon State University, 2016
77 https://www.statistik-bw.de/Service/Veroeff/Monatshefte/PDF/Beitrag09_07_02.pdf
78 https://www.sabine-linser.com/blog/
79 https://oif.univie.ac.at/fileadmin/user_upload/p_oif/Working_Paper/wp_41_Paar_Uebergang_Ruhestand.pdf
80 Zum Beispiel: https://www.pensions-vorbereitung.at/
81 https://de.wikipedia.org/wiki/Virginia_Satir

82 Angeblich ein Zitat von Winston Churchill
83 https://www.statistik.at/web_de/statistiken/menschen_und_gesellschaft/bevoelkerung/ehescheidungen/index.html
84 https://www.genesis.destatis.de/genesis/online#astructure
85 https://www.zh.ch/content/dam/zhweb/bilder-dokumente/footer/news/2019/dokumente/si_2019_09_scheidungen_aufloesungpartnerschaften.pdf
86 https://www.scheidung.de/trennung-und-scheidung-im-alter.html
87 https://www.hannoversche.de/wissenswert/der-superalte-mensch
88 https://www.gesundheitsforschung-bmbf.de/de/viele-erkrankungen-werden-mit-dem-alter-haufig-6786.php
89 https://www.leitbegriffe.bzga.de/alphabetisches-verzeichnis/gesundheit/
90 https://www.zukunft.business/foresight/trendstudien/trendstudie/die-personalisierte-medizin-der-zukunft/ sowie Ingo Stefan per mail
91 https://www.gesundheit.gv.at/leben/altern/ernaehrung-im-alter/ernaehrung-senioren
92 https://www.ages.at/ages/allgemeines/
93 https://www.eigenerweg.com/
94 https://www.spruch-des-tages.de/themen/leben
95 https://www.rki.de/DE/Content/GesundAZ/G/Gesundheit_Alter/Gesundheit_Alter_node.html
96 https://de.wikipedia.org/wiki/Winston_Churchill
97 Henry Kissinger, US-Politiker und Wissenschaftler, *1923
98 https://www.treppenlift-ratgeber.de/barrierefrei-leben/fit-im-alter/fitness-fuer-senioren.html
99 https://de.wikipedia.org/wiki/Robert_Lembke
100 https://de.wiktionary.org/wiki/H%C3%BCftgold
101 https://deutsch.medscape.com/artikelansicht/4906759
102 https://www.neuronation.com/
103 https://www.aerztezeitung.de/Medizin/So-baut-das-Hirn-langsamer-ab-268540.html
104 https://everipedia.org/wiki/lang_en/katrin-andreasson
105 https://www.deutschlandfunk.de/alternsforschung-geistiger-verfall-ist-umkehrbar-zumindest.676.de.html?dram:article_id=491243
106 https://www.flintrehab.com/de/kann-stress-einen-schlaganfall-verursachen/
107 https://www.ergo.de/de/Ratgeber/gesundheit/stress/auswirkungen
108 https://praxistipps.focus.de/positiver-stress-vs-negativer-stress-einfach-erklaert_119825

109 https://www.dak.de/dak/gegen-stress/positiver-und-negativer-stress-2426854.html#/
110 https://www.stress.org/study-looks-at-stress-in-middle-age
111 Eigenzitat: Kaan, R.: „Ich muss nichts mehr und darf fast alles", Pustet Verlag, 2021
112 https://it.wikipedia.org/wiki/William_Somerset_Maugham
113 Lachenmeier P.: Schweizer Jurist, *1973
114 Bernadetta, A./Fischer, D.: Senioren sind ständig auf Achse, Aargauer Zeitung, 2019
115 https://www.provita-deutschland.de/2018
116 https://psychwire.com/profiles/jlxhsq/john-d-eastwood
117 https://www.quarks.de/gesellschaft/psychologie/langeweile-mehr-als-nur-das-fehlen-einer-beschaeftigung/
118 https://www.pflegeboerse.at/keine-langeweile-im-alter-tipps-zur-freizeitgestaltung/
119 https://www.abendblatt.de/ratgeber/wissen/article111223558/Die-lange-Geschichte-vom-Burn-out.html
120 https://de.wikipedia.org/wiki/Dragster
121 https://de.wikipedia.org/wiki/Albert_Schweitzer
122 https://www.dw.com/de/boreout-der-langweilige-bruder-des-burnoutsyndroms/a-52939335
123 https://www.merkur.de/leben/2015
124 https://www.sueddeutsche.de/leben/familie-wenn-langeweile-krank-macht-bore-out-im-hohen-alter-dpa.urn-newsml-dpa-com-20090101-150807-99-02491
125 Quadbeck, O./Roth, L.: Empty-Desk-Syndrom, Pabst, 2008
126 https://www.wiwo.de/erfolg/management/empty-desk-syndrom-die-angst-vor-dem-bedeutungsverlust/20599238.html
127 https://www.psgn.ch/diagnosen/alterspsychiatrie/altersdepression.html
128 https://www.deutsche-depressionshilfe.de/
129 https://www.neurologen-und-psychiater-im-netz.org/psychiatrie-psychosomatik-psychotherapie/erkrankungen/altersdepression/suizidgefaehrdung/
130 De Vries, B.: https://www.johanneswerk.de
131 https://www.pharmazeutische-zeitung.de/ausgabe-382012/tod-aus-verzweiflung/
132 https://de.statista.com/statistik/daten/studie/318224/umfrage/selbstmordrate-in-deutschland-nach-altersgruppe/

133 https://www.neurologen-und-psychiater-im-netz.org/psychiatrie-psychosomatik-psychotherapie/erkrankungen/altersdepression/suizidgefaehrdung/
134 https://www.deutsche-depressionshilfe.de/depression-infos-und-hilfe/depression-in-verschiedenen-facetten/suizidalitaet
135 https://mitpflegeleben.de/informationsportal/sucht-im-alter/
136 http://www.alter-sucht-pflege.de/Ratgeber_Sucht-im-Alter.pdf
137 https://www.aerzteblatt.de/archiv/54098/Sucht-im-Alter-Die-stille-Katastrophe
138 https://kekememes.de/
139 https://de.wikipedia.org/wiki/Droge
140 https://www.aerzteblatt.de/archiv/54098/Sucht-im-Alter-Die-stille-Katastrophe
141 https://de.wikipedia.org/wiki/Marcus_Tullius_Cicero
142 https://de.wikipedia.org/wiki/Richard_David_Precht
143 https://www.derstandard.at/story/1322872917688/wie-aus-einem-garstigen-rentner-ein-netter-mensch-wird
144 https://www.rowohlt.de/magazin/im-gespraech/zu-jung-fuers-alter
145 de.wikipedia.org/wiki/Peter_Pakesch
146 https://www.kunsthallebasel.ch/exhibition/regionale_20/
147 https://karrierebibel.de/netzwerken-richtig-lernen/
148 https://de.wikipedia.org/wiki/Harald_Juhnke
149 https://www.beltz.de/fileadmin/beltz/leseproben/978-3-7799-6157-4.pdf
150 BAuA: Wöhrmann, A.M.: Arbeiten im Ruhestand, 2019
151 https://www.andreheller.com/
152 Deutscher Bundestag: WD 6 – 3000 – 027/13
153 https://www.seniors4success.at/
154 https://www.imdb.com/name/nm0618190/
155 https://www.oldtimer-markt.de/
156 https://www.hensche.de/EuGH-bestaetigt-Altersgrenze-65-fuer-Verkehrspiloten-C-190-16-Fries-05.07.2017.html
157 https://www.spiegel.de/wirtschaft/soziales/eugh-urteil-putzfrau-muss-mit-65-aufhoeren-zu-arbeiten-a-722643.html
158 Luc de Clapiers, Marquis de Vauvenargues, französischer Philosoph, 1715-1747
159 Dialekt, heißt hochdeutsch: sich um jemand herumbewegen
160 Jürgens Curd: deutscher Schauspieler, 1915-1982
161 https://buffetsiorarosa.it/

162 https://blog.instaffo.com/arbeitnehmer/buero/generationskonflikt-so-arbeiten-aeltere-und-junge-kollegen-produktiv-miteinander/
163 https://www.capital.de/wirtschaft-politik/warum-in-den-usa-senioren-im-berufsleben-selbstverstaendlich-sind
164 https://de.wikipedia.org/wiki/Walmart
165 https://boards.fool.com/charley-34717015.aspx
166 Mail Ingo Stefan, https://www.ingostefan.at/
167 https://de.wikipedia.org/wiki/Programmeinf%C3%BChrung,
168 https://www.joblift.de/
169 Bairisch-Österreichisch für: verbummeln, verschlampen, verwahrlosen
170 https://www.granny-aupair.com/de
171 https://www.morawa.at/detail/ISBN-9783702510039/Kaan-Richard/
172 Giuseppe Manzini, italienischer Freiheitskämpfer, 1805-1872
173 Kaan, R.: Ich muss fast nichts und darf fast alles, Pustet Verlag, 2021
174 https://de.wikipedia.org/wiki/Johann_Wolfgang_von_Goethe
175 https://www.gutzitiert.de/zitat_autor_johann_wolfgang_von_goethe_thema_alter_483.html
176 http://www.ikemba.at/
177 https://euroskills2021.com/veranstaltung/
178 http://www.ikemba.at/team/
179 https://www.lions.at/clubbericht/brunnenprojekt-in-alaocha-nigeria/
180 https://nona.net/features/map/placedetail.2235998/Alaocha/
181 https://www.aerzte-ohne-grenzen.de/
182 Lise Meitner, Kernphysikerin, 1878-1968
183 https://www.f1grandprixdriversclub.com/
184 https://vbgv1.orf.at/stories/192966
185 https://www.welt.de/sport/gallery125768287/Diese-Fussball-Praesidenten-machten-sich-strafbar.html
186 https://fudder.de/katholischer-priester-wegen-erpressung-betrug-noetigung-und-koerperverletzung-vor-dem-landgericht--118586966.html
187 https://www.tagesspiegel.de/politik/demokratie-als-generationenfrage-was-das-alter-von-politikern-ueber-ihr-land-verraet/26869518.html
188 https://de.wikipedia.org/wiki/Henry_de_Montherlant
189 https://de.wikipedia.org/wiki/Pars_pro_toto
190 https://www.vollpension.wien/vision/
191 https://www.vollpension.wien/soziale-wirkung/
192 https://www.vollpension.wien/arbeiten-in-der-pension/
193 https://de.wikipedia.org/wiki/Institution
194 https://de.wikipedia.org/wiki/Betrieb

195 https://wirtschaftslexikon.gabler.de/definition/betrieb-30819
196 Ingo Stefan per Mail, https://www.ingostefan.at/
197 https://wiki.baw.de/de/index.php/Wirkfaktor
198 https://de.wikipedia.org/wiki/Krise
199 https://de.wikipedia.org/wiki/Survival_of_the_Fittest
200 https://www.britannica.com/science/survival-of-the-fittest
201 https://de.wikipedia.org/wiki/Survival_of_the_Fittest
202 https://www.c-s-x.de/agilitaet_agile_organisation_agiles_unternehmen/
203 https://de.wikipedia.org/wiki/Norbert_Bl%C3%BCm
204 https://www.kraus-und-partner.de/wissen-und-co
205 https://www.welt.de/wirtschaft/article170337789/Fachkraeftemangel-wird-fuer-Deutschland-zum-Umsatz-Killer.html
206 https://www.focus.de/finanzen/karriere/perspektiven/studie-des-iw-koeln-fachkraeftemangel-extrem-in-welchen-berufen-sie-sofort-einen-job-finden_id_8136638.html
207 https://de.statista.com/presse/p/fachkr_ftemangel_februar2020/
208 https://www.agentur-jungesherz.de/
209 https://unipub.uni-graz.at/obvugrhs/4891320
210 https://de.statista.com/themen/887/fachkraeftemangel/
211 https://wirtschaftslexikon.gabler.de/definition/wissen-47196
212 Dogan, I.: Die UCA-Revolution, Eigenverlag, 2020
213 Probst, J.B. et al., 1997 sowie Plolanyi, K., 1985 und Kogut, A. et al. 1992
214 https://www.wortbedeutung.info/Bassenatratsch/
215 http://knowledge.cafe/knowledge-cafe-concept/
216 https://www.communicationtheory.org/shannon-and-weaver-model-of-communication/
217 http://www.kardinalkoenig.at/downloads/Die_alten_Menschen_in_unserer_Gesellschaft.pdf
218 https://www.dasgehirn.info/denken/gedaechtnis/erinnern-mit-gefuehl
219 https://de.wikipedia.org/wiki/Aldous_Huxley
220 https://de.wikipedia.org/wiki/Erfahrung
221 Gefunden bei Manfred Schmidt, facebook
222 https://en.wikipedia.org/wiki/H._Jackson_Brown_Jr.
223 https://de.wikipedia.org/wiki/Netzwerk
224 https://www.geo.de/geolino/redewendungen/3387-rtkl-redewendung-nicht-ganz-koscher
225 https://www.uni-wuerzburg.de/career/links-materialien/berufliche-netzwerke/
226 https://de.wikipedia.org/wiki/Nagib_Mahfuz

227 Redensart, auch zugeordnet: Ursula von der Leyen, Präsidentin der Europäischen Kommission
228 https://tvthek.orf.at vom 8.9.2007
229 https://www.outplacement-consultings.de/faq-items/was-ist-outplacement/
230 https://de.wikipedia.org/wiki/Maslowsche_Bed%C3%BCrfnishierarchie
231 Mangelsdorf, J.: Positive Psychologie, Springer, 2020
232 Hilger, J./Rotter,R.: Verstehen Sie Wiener, https://2lib.org/book/
233 https://www.daimler.com/karriere/absolventen/inspire/
234 https://www.dw.com
235 https://enorm-magazin.de/gesellschaft/leben-im-alter/gruenden-im-alter-von-wegen-parkbank
236 https://mitsloan.mit.edu/ideas-made-to-matter/20-year-old-entrepreneur-a-lie
237 https://www.senioren-der-wirtschaft.de/angebot/gruendung-start-up/
238 https://neueufer.de/projekte/seniorstartup/
239 https://www.vc-magazin.de/blog/2021/03/23/5-typische-fehler-woran-innovative-start-ups-scheitern/
240 https://de.wikipedia.org/wiki/Einhorn_(Finanzen)
241 https://www.dw.com/de/zehn-deutsche-w%C3%B6rter-f%C3%BCr-geld/a-47713692
242 https://www.growwisr.com/?lang=de
243 https://www.growwisr.com/case-studies/wisr-matches-exomys?lang=de
244 https://www.netzwelt.de/abkuerzung/177324-bedeutet-boomer-erklaerung-verwendung.html
245 https://de.wikipedia.org/wiki/Baby-Boomer
246 https://www.fr.de/ratgeber/karriere/phaenomen-bumerang-mitarbeiter-11020097.html
247 https://hrtalk.de/boomerang-mitarbeiter/
248 https://de.wikipedia.org/wiki/Andr%C3%A9_Maurois
249 https://www.springerprofessional.de/leadership/
250 https://www.karstennoack.de/wertschaetzung-unternehmen/
251 Lee Iacocca, US-Manager, *1942
252 https://www.wortbedeutung.info/zizerlweis/
253 https://wirtschaftslexikon.gabler.de/definition/gemeinschaft-34549
254 https://de.wikipedia.org/wiki/Gemeinschaft_und_Gesellschaft
255 https://www.sozialministerium.at/Themen/Soziales/Sozialversicherung/Pensionsversicherung/Pensionsarten/Alterspension.html
256 https://rp-online.de/politik/deutschland/so-unterscheiden-sich-renten-und-pensionen_bid-9301791#6
257 https://wirtschaftslexikon.gabler.de/definition/ruhegehalt-43479

258 https://de.wikipedia.org/wiki/Pension_(Altersversorgung)
259 https://www.bvaeb.at/cdscontent
260 https://de.wikipedia.org/wiki/Platon
261 https://www.fu-berlin.de/presse/publikationen/fundiert/2013_02/12_thiele/index.html
262 Marquard von Lindau, Mönch, 1320-1392
263 https://www.seniorenbeirat-muenchen.de/wp-content/uploads/2015/10/WIR-2015-02.pdf
264 https://de.wikipedia.org/wiki/Altenteil
265 http://www.wissiomed.de/mediapool/99/991570/data/Alter_und_Altern_60_Plus.pdf
266 https://www.planet-wissen.de/geschichte/persoenlichkeiten/otto_von_bismarck_der_eiserne_kanzler/
267 Eigenzitat Kaan, R.: Ich muss fast nichts und darf fast alles, Pustet Verlag, 2021
268 https://de.wikipedia.org/wiki/Arbeitsmarktservice https://www.ams.at/arbeitsuchende
269 https://www.ams.at/arbeitsuchende/topicliste/fruehpension
270 https://www.derstandard.at/story/2461718/kolumne-kein-recht-auf-faulheit
271 https://www.pensionskassenvergleich.ch/pkvergleich/pk-vergleich-2016/fruehpensionierung/index.html
272 https://de.wikipedia.org/wiki/Common_Sense
273 https://en.wikipedia.org/wiki/Common_knowledge
274 https://www.diepresse.com/1431048/oecd-altere-arbeitnehmer-nehmen-jungen-keine-jobs-weg
275 https://www.asscompact.at/nachrichten/keynote-speaker-bernd-marin-%E2%80%9Epensionssystem-ist-gro%C3%9Fz%C3%BCgiger-als-wir-uns-leisten-k%C3%B6nnen%E2%80%9C
276 https://www.krone.at/2296628
277 https://www.fr.de/wirtschaft/
278 https://www.diepresse.com/730583/eu-will-pensionsalter-um-bis-zu-sieben-jahre-anheben
279 https://de.wikipedia.org/wiki/Umlageverfahren
280 https://www.faz.net/aktuell/wirtschaft/wirtschaftspolitik
281 https://www.wirtschafts-nachrichten.com/2019/10/14/die-pensionen-sind-sicher
282 https://www.wienerzeitung.at/nachrichten/politik/oesterreich/954029-Der-Staat-gibt-das-meiste-Geld-fuer-Pensionen-aus.html
283 https://www.stern.de/wirtschaft/job/rente--diese-jobs-koennen-in-die-altersarmut-fuehren-7700470.html

284 https://www.trend.at/geld/so-geld-jahrgang-schnitt-pensionskonto-8900859
285 https://www.bpb.de/politik/innenpolitik/rentenpolitik/288842/altersarmut
286 https://rentenbescheid24.de/wenn-die-rente-nicht-reicht/F
287 https://www.financescout24.de/wissen/ratgeber/altersarmut
288 https://www.pkv-tarifvergleich.info/altersarmut-bleibt-ueberwiegend-weiblich/
289 https://barrierefrei-im-kopf.de/mindset/
290 https://karrierebibel.de/stereotyp/
291 https://www.nur-zitate.com/zitat/973
292 https://www.diepresse.com/1431048/oecd-altere-arbeitnehmer-nehmen-jungen-keine-jobs-weg
293 https://de.wikipedia.org/wiki/Sven_Voelpel
294 Voelpel S.: Entscheide selbst, wie alt du bist, rororo, 2020
295 http://www.slembeck.ch/blog/?p=841
296 Heckmann/Schank: Kehrtwende in Arbeitszeitpolitik, Wirtschaftsdienst 2004
297 https://www.grin.com/document/51861
298 https://de.wikipedia.org/wiki/Seniorit%C3%A4t
299 https://www.arbeiterkammer.at/beratung/arbeitundrecht/Arbeitsvertraege/Kollektivvertrag.html
300 https://www.sozialpartner.at/
301 https://www.dgb.de/rente/++co++dde47936-fa78-11eb-a8b0-001a4a160123
302 https://de.wikipedia.org/wiki/Schmankerl
303 https://www.agenda-austria.at/publikationen/jung-aelter-arbeitslos
304 https://www.heike-leitschuh.de/
305 https://www.amnesty.ch/de/themen/diskriminierung/zahlen-fakten-und-hintergruende/was-ist-diskriminierung
306 https://de.wikipedia.org/wiki/Recht_auf_Arbeit
307 https://www.antidiskriminierungsstelle.de/
308 https://www.hensche.de/Rechtsanwalt_Arbeitsrecht_Handbuch_Diskriminierung_Verbote_Alter.html
309 https://www.derstandard.at/story/2000058878346/oekonom-sinn-pensionen-sollten-an-kinderzahl-gekoppelt-werden
310 Danke KR. Heinz Michalitsch für den Vorschlag
311 https://www.kleinezeitung.at/meinung/6061940/Aussensicht_Christoph-Leitl-zum-Arbeitskraeftemangel_Nicht
312 https://www.amazon.de/Altwerden-ist-nichts-f%C3%BCr-Feiglinge/dp/3579067605
313 https://de.wikipedia.org/wiki/Udo_Jürgens

Richard Kaan / Daniel Reinhard

Passion Oldtimer: Die Welt der klassischen Automobile

Zitate aus Bewertungen von amazon.de

„Ein Meisterwerk". Ich habe das Buch beim ersten „Reinblättern" stundenlang nicht mehr aus der Hand gelegt..
Michael K.

...So etwas wie ein Standardwerk zum Thema Oldtimer...
autobuch.guru

„Ein Meisterstück". ...Ein „Must have" für jeden Autoenthusiasten..!
Klaus Becker

288 Seiten, Hardcover
Verlag: Geramond
ISBN: 9783956130526

Richard Kaan

Ich muss fast nichts und darf fast alles!: beschwingt altern

Zitate aus Bewertungen von amazon.de

„Ein sehr weises Buch über das positive Altern und die Freude am Leben!"
Das Buch ist tiefsinnig, humorvoll und anregend geschrieben.
Jouvancourt

„Das Buch ist SO TOLL!"
Das Buch ist auch für mich als 30-jährige Frau eine tolle Leseerfahrung.
Silvana

Die heiteren sieben „L" des Älterwerdens". In seinem unterhaltsamen Buch zum glücklichen Älterwerden beschreibt Richard Kaan sieben Notwendigkeiten eines positiven Zugangs zum Alter.
Beate Forsbach

136 Seiten, Hardcover
Verlag: A. Pustet
ISBN 9783702510039

Richard Kaan

Vom Erfolg zum Mehrwert: Nutzenkontrolle von Sportsponsoring

184 Seiten, Taschenbuch
Verlag: vdm
ISBN 3639177630

Richard Kaan

„Unterwegs" - Das Automagazin im Radio: Dokumentation eines Formatradio-Magazins

52 Seiten, Taschenbuch
Verlag: vdm
ISBN 3639119452

Wir begleiten Sie auf dem Weg in den Ruhestand zur Freitätigkeit

Plattform für Menschen vor und nach der Pensionierung

https://www.seniors4success.at

Expertise & Elan

Vorträge und Transformationsprozesse

rund um das Alter und (beschwingte) Altern

www.richardkaan.com